经世济民

诚信服务

德法兼修

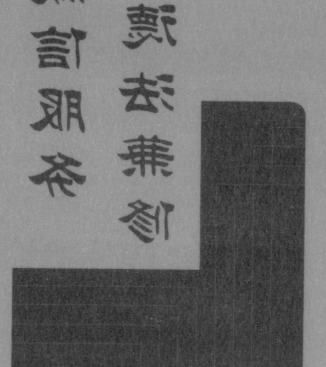

icve 智慧职教 高等职业教育在线开放课程 新形态一体化教材

高等职业教育商科类专业群
物流类专业新目录·新专标配套教材

新目录
新专标

物流设施设备

主　编　孙颖荪　胡子瑜
副主编　汪　晔　杨丽娟
　　　　王晨龙

高等教育出版社·北京

内容提要

本书是高等职业教育商科类专业群物流类专业新目录·新专标配套教材，是高等职业教育在线开放课程新形态一体化教材。

"物流设施设备"是2019年7月发布的《高等职业学校专业教学标准》中物流管理专业的专业核心课之一。本书按照物流活动的基本环节划分为8个项目、22个任务，着重讲解了物流活动过程中的仓储、装卸搬运、配送、运输、集装箱、物流信息、智能化作业所使用的各种设施、设备、工具，以及由它们所构成的各种物流系统的基本功能、结构、特点、技术参数、操作方法、管理手段等。每个项目设置了知识目标、技能目标和素养目标，围绕项目主题设计了项目背景、导入任务、任务知识、同步测试和项目实训，实现了从知识学习到技能应用的转化。同时还配有"德技并修""行业前瞻""社会担当"等栏目，突出专业教育、思政教育与双创教育的融合。

本书内容设计图文并茂，兼具知识性和操作性，既可以作为高职高专院校、职业教育本科院校和应用型本科院校物流管理专业和交通运输类专业的教材，也可以作为广大物流从业人员的业务参考用书和培训辅导用书。

本书建设了微课、动画、视频、AR资源、课件和习题答案，精选其中具有典型性、实用性的资源以二维码方式标注在教材边白处，供读者即扫即用。其他资源服务详见"郑重声明"页的资源服务提示。

图书在版编目（CIP）数据

物流设施设备 / 孙颖荪，胡子瑜主编. -- 北京：
高等教育出版社, 2021.11
ISBN 978-7-04-056829-5

Ⅰ.①物… Ⅱ.①孙… ②胡… Ⅲ.①物流-设备管理-高等职业教育-教材 Ⅳ.①F253.9

中国版本图书馆CIP数据核字(2021)第176038号

物流设施设备

WULIU SHESHI SHEBEI

策划编辑 康　蓉	责任编辑 余　尚	封面设计 杨伟露	版式设计 杨　树
插图绘制 黄云燕	责任校对 张　薇	责任印制 朱　琦

出版发行 高等教育出版社	社址　北京市西城区德外大街4号　邮政编码 100120
购书热线 010-58581118	咨询电话 400-810-0598

网址　http://www.hep.edu.cn　http://www.hep.com.cn
网上订购 http://www.hepmall.com.cn　http://www.hepmall.com　http://www.hepmall.cn

印刷　保定市中画美凯印刷有限公司　开本 787mm×1092mm 1/16　印张 15.5
字数 310千字　插页 2　版次 2021年11月第1版　印次 2021年11月第1次印刷
定价 42.80元

▌前 言

2020年3月12日,《中华人民共和国国民经济和社会发展第十四个五年规划和2035年远景目标纲要》(简称《规划》)正式发布。《规划》对物流发展和供应链创新高度重视。提出要"强化流通体系支撑作用""提升产业链供应链现代化水平""建设现代物流体系"等。物流设施设备作为组织实施物流活动的重要手段,近年来伴随着云计算、大数据、物联网、移动互联网、人工智能、区块链技术的广泛应用,我国在大力借鉴国外先进技术,发展国有机械制造业的基础上,建立了比较完善的物流设施设备构成体系,物流设施设备技术水平有了较大提高,为物流技术装备业创造了良好的宏观经济环境与产业政策环境。在这种背景下,编写《物流设施设备》一书,不仅是及时的,而且是必要的。

本书具有如下鲜明特色:

1. 德育为先,能力为重

本书精心设计"素养目标""德技兼修""社会担当"等栏目,将职业自豪感、职业认同感以及民族自信心的培养纳入教学目标,并通过大量的热点案例汇集"德技兼修",辅助教师开展课程思政教学。同时,本书每个项目均设置"项目背景""导入任务"和"项目实训",方便教师结合项目开展课程实训,也可以便于学生自学或巩固,突出专业课程的技能培养目标。

2. 形式新颖,内容更新

本书在编排上,知识讲解内容多以图表的形式展现;在阅读形式方面增加了AR阅读方式,既突出了理论内容的直观性,又提升了阅读的趣味性。在内容方面,紧跟物流设施设备的最新技术、成果和动态,结合高职学生特点和企业实际需求进行内容选取和教材栏目设置,体现物流技术装备业最新思想和高职教育先进理念。

3. 对照标准,紧贴考纲

本书在知识目标、技能目标和素养目标的设计上,对照《物流管理专业教学标准》和《物流设施设备》课程标准要求,在内容选取上结合"物流管理1+x证书职业技能等级标准""场内特种车辆驾驶证""叉车证"等多项职业技能鉴定考试大纲,可以作为物流管理专业"课证融通"教学改革的参考用书。

本书由安徽商贸职业技术学院孙颖苏和广州番禺职业技术学院胡子瑜担任主编，由安徽商贸职业技术学院汪晔、安徽工商职业学院杨丽娟和天津交通职业学院王晨龙担任副主编。具体编写分工如下：孙颖苏、杨丽娟编写第一章和第二章，汪晔、殷聿明编写第三章和第四章，胡子瑜、皮晓芳编写第五章和第六章，王晨龙、吴竞鸿编写第七章和第八章，河北摩派电子科技有限公司夏可金参与了本书实训项目的编写工作，在此表示诚挚的感谢！

本书在编写过程中，参阅了国内外众多学者的相关著作、文献和研究成果，在此一并致以真诚的感谢。由于时间仓促，加之编者的理论水平和实践经验有限，书中难免存在不足之处，敬请广大读者批评指正，以使本书日臻完善。

编　者
2021年7月

目录

项目一

物流设施设备概述

知识目标
- 了解物流设施设备的基本概念
- 了解物流设施设备的作用
- 掌握物流设施设备的分类
- 理解我国物流设施设备的发展现状和未来趋势

技能目标
- 能够理解物流设施设备在物流系统管理中的重要作用
- 能够在工作实践中辨别不同物流设施设备的类型
- 能够简单描述我国物流设施设备的发展现状
- 能够正确判断我国物流设施设备的未来发展趋势

素养目标
- 通过了解我国物流基础设施建设处于世界先进水平，树立民族自信心
- 通过了解我国智能化物流设施设备的应用情况，建立职业自豪感

思维导图

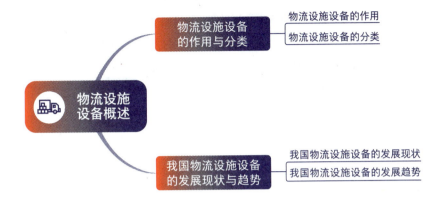

项目背景

　　ABB快递企业随着业务的不断发展，新增第三方物流仓储与配送服务，计划在合肥新建一个发货仓库，紧密结合公司中转场派送班次，为电商客户提供稳定的发货与派送服务。仓库选址在京台高速附近，交通便利，仓库面积约3 000 m²。该仓库将在全国建设成为公司的一个标杆仓库，目前计划进行五星级仓库标准建设，并按照五星级仓库信息化建设配置标准采购信息化、智能化软硬件，实现仓库的高效运作。

任务一
物流设施设备的作用与分类

导入任务

　　为了完成ABB快递企业对仓库进行五星级标准建设，需要首先对物流设施设备进行配置规划。请同学们根据企业需求，开展"我国仓库智能化设施设备应用情况"的调研，分组讨论我国仓库中常见中的各类物流设施设备，重点关注我国智能化物流信息技术设备的应用，随后进行小组汇报。

微课：
物流设施设备的作用与分类

任务知识

　　中华人民共和国国家标准《物流术语》（GB/T18354—2021）给物流设施（logistics establishment）下的定义是：用于物流活动所需的，不可移动的建筑物、构筑物及场所。包括物流园区、物流中心、配送中心、各类运输枢纽、场站港、仓库等。物流设施的优劣直接影响到物流的作业效率与作业成本，是发展物流产业的重要基础。物流设备是指物流活动所需的设备及器具的总称。物流设备门类齐全，型号规格多样，品种复杂，包括组织人与物流所涉及的各种机械设备、运输工具、仓储设施、站场、计算机、通信设备等。

综上所述，物流设施设备是指进行各项物流活动和物流作业所需要的设施与设备的总称。物流活动离不开物流设施设备的支持，它贯穿于整个物流系统，深入每一个作业环节。物流设施设备是组织物流作业的技术基础，是物流服务水平的重要体现。

一、物流设施设备的作用

现代物流以现代管理理论和方法，运用现代信息技术，通过现代化物流设施设备，为用户提供多功能、一体化服务。物流设施设备是整个物流系统中最重要的组成部分，是物流系统中的物质基础。货物在运输、装卸搬运、仓储、分拣、包装、流通加工、配送等过程中离不开物流设施设备。物流设施设备降低了人们的劳动强度，提高了物流运作效率和服务质量，降低了物流成本，在物流作业中起到重要作用，促进了物流业的快速发展。物流设施设备是现代物流效率得以大幅度提高的重要保证。

二、物流设施设备的分类

（一）物流设施分类

按照物流活动服务范围的不同，物流设施主要分为企业物流设施和物流基础设施。

1. 企业物流设施

企业物流设施是企业固定资产的一部分，属于企业的私有设施，如企业的铁路专用线、仓储建筑等。

2. 物流基础设施

物流基础设施是为社会物流服务的，属于公共设施，如运输线路、桥隧、车站、港口等。物流基础设施是宏观物流的基础，投资大，主要由政府投资建设。

（1）物流网络结构中的枢纽点。物流行业中所需要的枢纽，主要包括公路枢纽、铁路枢纽、航空枢纽、水路枢纽、国家级战略储备中心、物流基础信息平台等。以上枢纽处都设置了相应的储备点，主要起到货物中转的作用，并作为与其他枢纽点联系的纽带，从而形成一个物流网络。交通枢纽如图1-1所示。

图1-1 交通枢纽

（2）物流网络中的线。物流网络中的线主要是指交通线路。交通线路是按照一定技术标准与规模修建的，具备必要的运输设施和技术设备，旨在运送各种物资的交通道路，包括铁路线路、公路线路、内河航道、海上航线、空中航线和管道线路等。交通线路如图1-2所示。

图1-2 交通线路

（3）物流基础信息平台。物流基础信息平台，主要向社会大众提供相关物流信息，借助该平台，社会大众可实时获取相关物流信息。物流基础信息平台如图1-3所示。

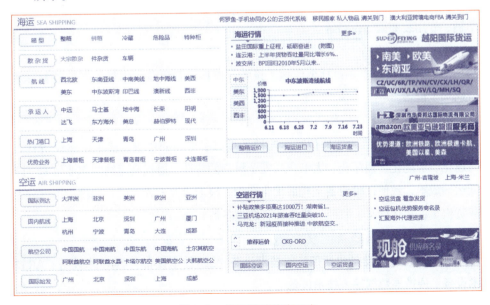

图1-3 物流基础信息平台

（二）物流设备分类

物流设备主要包括仓储设备、包装设备、集装单元器具、装卸搬运设备、流通加工设备、运输设备、物流信息技术设备等。

1. 仓储设备

仓储设备主要包括货架、托盘、自动化仓库、计量设备、通风采暖设备、温湿度控制设备、养护设备、消防安全设备、堆垛机、室内搬运车、输送设备、分拣设备、搬运机器人，以及计算机管理和监控系统。这些设备可以组成自动化、半自动化、机械化的仓库，用来堆放、存取、分拣和承运物品。

2. 包装设备

包装设备主要用于对相关物品进行包装处理，其目的是在产品流通过程中有效保护物品、方便储运、便于销售。包装设备主要包括填充设备、罐装设备、封口设备、包裹设备、贴标设备、清洗设备、干燥设备、杀菌设备等。包装过程包括成型、充填、封口、裹包等主要包装工序，以及与其相关的前后工序，如清洗、干燥、杀菌、堆码及拆卸等；也包括打印、贴标、计量等辅助工序，完成这些工序所需要的设备即为包装设备。

3. 集装单元器具

集装单元器具主要用于对物品进行大规模储运，主要包括集装箱、托盘、周转箱和其他集装单元器具。货物经过集装器具的集装或组合包装后，具有较高的灵活性，随时都处于准备运行的状态，有利于实现储存、装卸搬运、运输和包装的一体化，实现物流作业的机械化和标准化。

4. 装卸搬运设备

装卸搬运设备是指用来转移、升降、装卸和短距离输送物料的设备，是物流设备的重要组成部分，是物流系统中使用频率最大、使用数量最多的一类设备。从用途和结构特征来看，装卸搬运设备主要包括起重设备、连续运输设备、装卸搬运车辆、专用装卸搬运设备等。

5. 流通加工设备

流通加工设备主要包括金属加工设备、搅拌混合设备、木材加工设备及其他流通加工设备。

6. 运输设备

运输在物流中的独特地位对运输设备提出了更高的要求，要求运输设备具有高速化、智能化、通用化、大型化和安全可靠的特性，以提高运输的作业效率，降低运输成本，致使运输设备实现最优化利用。根据运输方式不同，运输设备可分为载货汽车、货运列车、货船、货机和管道设备等。

7. 物流信息技术设备

物流信息技术设备包括条形码技术设备、EDI技术设备、VR技术设备、AR技术设备、便携式数据输入技术设备等。

京东用VR技术培训员工分拣技能，大幅度提高工作效率

　　每到商品促销日，都是物流企业大显身手的时候。京东物流"人机CP"物流工种也进入成熟化、规模化、常态化的应用。高端科技正在向物流各个环节渗透，不断丰富员工的工作内容。

　　京东物流从2018年"双11"活动起就推出了一套智能化的物流培训课程，利用VR技术培训员工高超的分拣技能。在培训时，员工只需要佩戴VR设备，手持扫描枪，面对电视屏幕，根据屏幕上播放的视频进行演示，就可以完成分拣、粘贴面单、缠绕胶带等环节。物流培训课程1：1构建还原现实物流场景，内容包含分拣场景展示、分拣操作演示、VR虚拟操作、操作错误提示等，能够帮助新员工快速上手，方便易学。员工VR分拣技术培训如图1-4所示。

图1-4　员工VR分拣技术培训

　　在整个环节中，分拣工作是一个承上启下的中间环节，工序多、任务重、流程长，新员工进入分拣中心，主要通过"师徒制"的方式进行学习，因而存在由于新员工业务生疏而导致的订单破损、丢失、操作失误等情况。而"VR分拣实训"避免了新员工上手操作时产生的错误，大大提升了新员工的工作效率。新员工往往要进行为期5天的培训，而要做到熟练操作，较少出错，至少需要15~20天时间。通过VR培训，员工可以在几分钟内一览仓库分拣的全流程，熟悉各个场景，只需要一两天便能熟练操作。

任务二
我国物流设施设备的发展现状与趋势

导入任务

　　根据任务一的调研结果，填制ABB快递企业五星级仓库建设设施设备配置清

单，并将各种设施设备的应用情况进行简单说明；还要考虑到未来的发展趋势，在设备选配上留有发展空间。请结合以上信息考虑，完善仓库建设设施设备的配置清单，进行小组汇报讨论。

任务知识

物流设施设备是物流系统中的一个重要组成部分，是物流行业的物质基础，也是决定物流运作效率的关键因素。所以物流行业的健康发展必须以物流设施设备发展为前提，研究物流设施设备的发展现状与趋势非常重要。

一、我国物流设施设备的发展现状

（一）物流设施的发展现状

改革开放40多年来，我国物流业取得了举世瞩目的成绩，海陆空货运枢纽、物流园区、物流网络等物流基础设施建设走在了世界前列。物流服务市场规模持续扩大，物流技术水平、物流信息化程度、物流运作管理水平显著提升。中国的物流行业保持长足的发展，特别表现为交通运输业的快速发展。交通运输是经济社会发展的"先行官"。"十三五"期间，我国交通基础设施加快发展，运输服务水平不断提升，为决战决胜脱贫攻坚、全面建成小康社会提供了有力支撑。

1. 公路设施建设现状

"十三五"期间，中国公路建设突飞猛进，形成了贯通全国的公路网。截至2020年末，中国公路里程约520万千米。其中，高速公路里程16.1万千米，居世界第一，覆盖98.6%的20万人口以上的城市和地级行政中心。

2. 铁路设施建设现状

"十三五"期间，中国铁路建设成就斐然，"四纵四横"高速铁路主骨架全面建成。铁路运营总里程约14.6万千米，覆盖99%的20万人口以上的城市。其中，高速铁路运营里程约3.8万千米，居世界第一。经过多年的探索实践，中国高铁发展速度快、建设规模大、运输能力强，整体技术进入世界先进水平，部分领域世界领先。目前，中国是世界上高铁运营里程最长、在建规模最大、运营动车组数量最多、商业运营速度最快的国家。

3. 航空设施建设现状

"十三五"期间，中国民航机场改扩建和新建工程不断增加，空运能力明显提高，航线不断完善。2020年，境内定期航班通航城市（或地区）237个。全国运输机场数量241个，覆盖92%的地级市。"十三五"以来，新建成一批支线机场、通用机场，全面构建京津冀、长三角、粤港澳大湾区三大世界级机场群，民航运输规模连续15年稳居世界第二位。

4. 水路设施建设现状

"十三五"期间，中国水路设施建设长足发展，航运能力迅速提升。2020年，全国内河航道通航里程达到了12.77万千米，其中高等级航道达标里程1.61万千米。沿海港口万吨级及以上泊位数2138个。

（二）物流设备的发展现状

我国物流设施设备近些年有了较快的发展，各种设施设备数量迅速增长，技术性能日趋现代化。随着互联网技术、人工智能技术在物流活动中的应用，先进的物流设施设备不断涌现。总体而言，我国物流设施设备的发展现状体现在以下几个方面：

1. 物流设施设备总体数量迅速增加

近年来，我国物流产业发展很快，受到各级政府的高度重视。在这种背景下，物流设施设备的总体数量迅速增加，如运输设备、仓储设备、配送设备、包装设备、搬运装卸设备、物流信息设备等。

2. 物流设施设备的自动化水平和信息化程度进一步提高

以往，我国的物流设施设备基本上以手工或半机械化为主，工作效率较低。但是，近年来，我国物流设施设备在其自动化水平和信息化程度上有了一定的提高，工作效率得到了较大的提高。

3. 智能物流设施设备不断涌现

从2019年的物流设备占据市场比重可以看出，目前，我国的自动物流设备和软件的占比达12%，自动立体仓库占比达24%，自动输送占比达20%。由此可以看出，智能设备占据市场的比例不断提高，我国物流装备行业仍在不断增速发展中。

（1）存储类智能物流设备。存储类智能物流设备包括自动化立体库和智能货架。自动化立体库（如图1-5所示）是指高层货架配备货箱或托盘存储，利用巷道堆垛机和计算机进行控制，除了实现传统仓库的功能，还可以理货和分拣，不需要人工就可以完成相应的作业。而智能货架是包括轻型货架、配套穿梭机的多层货架，注重货架整体的承重性和便捷性，融入了人工智能元素，提高了仓储的准确率。

图1-5　自动化立体库

（2）码垛搬运类智能物流设备。目前，很多物流公司已经应用了智能码垛机器人（如图1-6所示），通过机器视觉技术实现智能商品采集。机器人能够精确地识别货物，结合集成的3D图像处理技术，完成对机器人的控制和对货物流的监测。

图1-6　智能码垛机器人

（3）拣选类智能物流设备。国内应用得比较多的是利用智能穿梭车（如图1-7所示）和智能AGV小车实现货到人拣选的运输方式，被挑选的物品可以自动送到监护人面前。智能设备的投入大大减少了拣选时间，提高了拣选的效率，减少了人员行走和物品选择的时间。

图1-7　智能穿梭车

（4）输送分拣类智能物流设备。在智能制造时代，生产设备日益呈现智能化和机械化，很多企业的输送机都借助先进的智能设备来进行货物的快速扫描和快速检测。

二、我国物流设施设备的发展趋势

2015年，国务院印发的《政府工作报告》中首次提出实施"中国制造2025"，部署全面推进实施制造强国战略，坚持创新驱动、智能转型、强化基础、绿色发展，加快从制造大国转向制造强国。如今，工业4.0时代已经来临，智能物流是工业4.0的重要组成部分，而智能物流装备的基础是自动化，工业生产物流系统、商业配送物流系统和智能物流装备产业链是构成智能物流设备的三大要素，未来智能物流装备兴起是大势所趋。在这样的背景下，我国物流设施设备将向多样化、标准化、系统化、智能化和绿色化等方向发展。

1. 多样化

为了满足不同行业、不同规模的客户对不同功能的要求，我国物流设施设备形式越来越多，专业化程度日益提高。许多物流设施设备厂商都致力于开发生产多种多样的商品，以满足客户的多样化需求作为自己的发展方向，所提供的物流设施设备也由全行业通用转向针对不同行业特点设计制造，由不分场合转向适应不同环境、不同情况的要求，由一机多用转向专机专用。

2. 标准化

当前，经济全球化特征日渐明显，标准化、模块化成为物流设施设备发展的必然趋势。标准化既包括硬件设备的标准化，也包括软件接口的标准化。物流设施设备、物流系统的设计与制造只有按照统一的国际标准，才能适应各国（各地区）之间相互实现高效率物流的要求。物流标准化有助于实现物流设施设备的通用化。

3. 系统化

在物流设施设备单机自动化的基础上，计算机将各种物流设备集成系统通过中央控制室的控制，与物流系统协调配合，形成不同机种的最佳匹配和组合，以取长补短，发挥最佳效用。为此，成套化和系统化是物流设施设备的重要发展方向，尤其将重点发展工厂生产搬运自动化系统、货物配送集散系统、集装箱装卸搬运系统、货物的自动分拣系统与搬运系统等。

4. 智能化

智能化是物流自动化、信息化的更高层次。智能化已成为物流设施设备发展的新趋势，智慧物流已成为物流发展的主要方向。智慧物流融合了人工智能、大数据、云计算、5G和物联网技术，实现了设备算法的不断创新。物流作业过程中大量的运筹和决策，如库存水平的确定、运输（搬运）路径的选择、自动导向车的运行轨迹和作业控制、自动分拣机的运行、物流配送中心经营管理的决策支持等都需要借助大量的知识才能解决。我国当前物流行业的GDP占比相较于欧美国家较高，发展智慧物流能够有效增强我国的经济实力，促进我国经济快速发展，而且智慧物流设备的成本远低于传统的物流设备，这已经成为时代趋势。

5. 绿色化

随着全球环境的恶化和人们环保意识的增强，企业对物流设施设备提出了更高的环保要求，有些企业在选用物流设施设备时会优先考虑对环境污染小的绿色产品或节能产品。因此，物流设施设备供应商也开始关注环保问题，采取有效措施，达到环保要求。如尽可能选用环保型材料；有效利用能源，注意解决设备排污问题，尽可能将排污量减少到最低水平；采用新的装置与合理的设计，降低设备的震动、噪声与能源消耗量等。

🔶 社会担当
苏宁物流通过智能化技术推行"青城计划"

2018年，苏宁物流推出"青城计划"，这项以"绿色物流共享"为主题的行动已从单个城市试点向绿色城市群推进，致力于打造一条仓储、分拨、运输、配送全流程的绿色物流。2019年，苏宁物流在"青城计划"中大力推行循环包装、可降解材料的应用，使其在物流链中落地。2020年，苏宁物流围绕"新基建"积极推动5G物流仓等项目的建设落地，持续通过新技术应用推动绿色物流建设。

在绿色仓储建设方面，苏宁物流针对仓库建设进行了合理选址、科学规划，有效节约资源，降低能源消耗。目前，在北京、上海、南京等29个城市建立了行业标准化"绿仓"，并积极推进多元化仓储科学布局和智慧科技武装仓库，提高作业效率。在物流绿色包装方面，苏宁物流为了推广以共享快递盒、循环中转袋为代表的一系列可循环包装，加大推动包装自动化、智能化升级。在绿色运输方面，苏宁物流不断优化智能化运输路由调度系统，借助大数据和智能路径优化算法提升物流效能，节约碳排放。

总之，苏宁物流借助智能化设备的推广应用推进绿色物流建设，持续助力国家打好蓝天、碧水、净土保卫战。

同步测试

一、单选题

1. 以下选项中属于物流基础设施的是（　　　）。
   A. 港口　　　　　　　　　　B. 企业自有铁路
   C. 企业自有仓库　　　　　　D. 企业自有场站

2. 以下设备中属于集装单元器具的是（　　　）。
   A. 自动化立体仓库　　　　　B. 托盘
   C. 地牛　　　　　　　　　　D. 货架

3. 封口设备属于物流设备中的（　　　）。
   A. 仓储设备　　　　　　　　B. 装卸搬运设备
   C. 包装设备　　　　　　　　D. 运输设备

4. 国内各大物流中心使用的智能穿梭车，符合物流设施设备发展方向的是

（　　　）。

    A. 标准化   B. 系统化

    C. 智能化   D. 绿色化

5. 有些企业在选用物流设施设备时会优先考虑对环境污染小的绿色产品或节能产品，符合物流设施设备发展方向的（　　　）。

    A. 标准化   B. 系统化

    C. 智能化   D. 绿色化

二、多选题

1. 以下选项中属于物流基础设施的有（　　　　　）。

    A. 桥隧   B. 车站

    C. 港口   D. 企业自有仓库

2. 以下选项中属于物流网络中的线的有（　　　　　）。

    A. 铁路线路   B. 公路线路

    C. 内河航道   D. 海上航线

3. 以下选项中属于物流网络结构中的枢纽点的有（　　　　　）。

    A. 公路枢纽   B. 铁路枢纽

    C. 航空港枢纽   D. 水路枢纽港

4. 以下选项中属于物流设备的主要有（　　　　　）。

    A. 仓储设备   B. 包装设备

    C. 集装单元器具   D. 物流信息技术设备

5. 我国物流设施设备未来的发展方向有（　　　　　）。

    A. 多样化   B. 标准化

    C. 系统化   D. 智能化

    E. 绿色化

三、判断题

1. 物流基础设施是企业固定资产的一部分，属于企业的自有设施。（　　　）

2. "十三五"期间，中国铁路建设成就斐然，"四纵四横"高速铁路主骨架全面建成。（　　　）

3. 物流设施设备的现代化水平和科技水平，代表了现代物流技术水平，可衡量一个物流企业服务水平的高低。（　　　）

4. 物流基础信息平台主要为企业自身提供物流信息。（　　　）

5. 智能化已成为物流设施设备发展的新趋势，智慧物流已经成为物流发展的主要方向。（　　　）

项目实训

我国仓库智能化设施设备应用情况调研

实训目的：

让学生了解现实环境中，企业物流设施设备的配置情况和智能化作业程度，结合所学知识，为企业的仓库建设提出初步规划建议。

实训组织：

小组形式。

实训内容：

（1）市场调研。以小组为单位，选择当地一家物流企业，对其内部设施设备的配置情况、使用情况、信息化作业程度和智能化作业程度进行调查。

（2）网络调研。了解五星级仓库建设标准以及智能化物流设施设备的应用现状和趋势。

（3）制作PPT并汇报。制作"**企业仓库智能化设施设备应用及规划建议"调研PPT，分组进行汇报展示。

实训要求：

以小组为单位，小组成员分工开展调研，在调研报告撰写中，既要反映企业现有的智能化设施设备应用情况，也要根据企业实际发展状况，进行未来规划建议。

项目二

仓储作业设施设备

知识目标
- 掌握常见仓储作业设备的类型
- 掌握仓库的基本概念和规划建设方法
- 了解仓储作业相关设备的分类及其基本原理
- 理解仓储作业设施设备操作的注意事项

技能目标
- 能够根据需求合理规划仓库建设
- 能够科学选用仓储作业设备
- 能够操作简单的仓储作业设备
- 能够对仓储作业设施设备进行保养维护

素养目标
- 通过出入库作业设备操作树立安全意识、风险意识和规则意识
- 通过保管作业设备操作树立质量意识、环保意识、安全意识和风险意识
- 通过我国仓储作业设施设备的建设和应用，建立职业自豪感和民族自信心
- 培养吃苦耐劳、恪尽职守的职业素养

思维导图

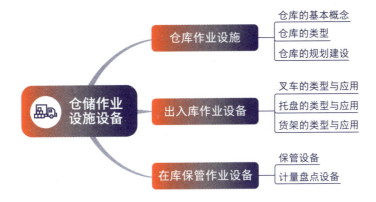

项目背景

上海昊乐国际贸易有限公司是一家专业从事原装进口葡萄酒、进口食品的进出口贸易，以及在中国境内进行销售的集团性公司。随着公司业务的不断发展，公司的销售辐射范围已从长三角地区发展至华中、华南及西南地区。因此，需要新建配送中心以满足贸易商品的运输、储存、配送需求。该配送中心的仓库建设需要进行仓库功能定位和相关仓储作业设备的配置。

任务一
仓库作业设施

导入任务

上海昊乐国际贸易有限公司（简称"昊乐国际"）在芜湖刚刚建成配送中心，配送中心仓库按照国家五星级仓库建设标准建设完成，建筑总面积在 10 000 m² 以上，立体仓库所占比例达 50%（建筑面积）。请同学们根据所学知识，设计昊乐国际智能无人化立体仓库布局规划方案。

微课：
仓库作业
设施

任务知识

一、仓库的基本概念

根据中华人民共和国国家标准《物流术语》（GB/T 18354—2021）的定义，仓库为用于储存、保管物品的建筑物和场所的总称，可以是房屋建筑、洞穴、大型容器或特定的场地等，具有存放和保护物品的功能。

二、仓库的类型

仓库按照不同的标准，可以进行不同的分类。

（一）按照仓库在商品流通过程中所起的作用分类

1. 批发仓库

批发仓库用于储存从采购供应场所调进或在当地收购的商品，一般距离商品销售市场较近。国家及有关商业部门通过批发仓库储存的商品，控制市场，调节市场商品供给与需求。

2. 采购供应仓库

采购供应仓库是指商业系统集中储存从生产部门收购或从国外进口商品的仓库，是农副产品收购站附设的商品仓库。

3. 加工仓库

加工仓库是指承担储存与加工双重职能的仓库。对于某些必须进行加工整理后才可发运的商品，可以设立加工专用仓库，就库存商品进行挑选、整理、加工、包装、储运，然后出运。如农副产品、畜产品、中药材等商品的加工仓库。

4. 中转仓库

中转仓库是物资流通的中转站，一般仅储存临时停放的货物，方便货物等待装运并在此中转。

5. 零售仓库

零售仓库是指商业零售企业直接使用和管理的仓库。在商业领域中，存在成千上万个零售企业，这些零售企业为保证市场商品供应，满足消费者需求，根据储备原则，建立必要的商品储存仓库。商业零售企业做短期储货，提供店面销售。

6. 储备仓库

储备仓库，一般是由国家设置，承担物资储备任务，保管国家应急的储备物资和战备物资的仓库。储备仓库分为战略物资储备仓库和战役物资储备仓库。

7. 保税仓库

保税仓库，是指经海关批准，在海关监管下，专供存放未办理关税手续而入境或过境货物的场所。为满足国际贸易的需要，设置在距离海关较近的仓库。

（二）按照仓库的构造分类

1. 简仓

简仓是封闭式仓库，用于存放散装的小颗粒或粉末状货物。

2. 露天堆场

一般情况下，大宗原材料，或者不怕受潮的货物存放在露天堆场。

3. 单层仓库

最常见的、使用最广泛的仓库类型就是单层仓库。单层仓库比较方便在仓库内进行装卸、搬运货物，适用于储存金属材料、建筑材料、矿石、机械产品、车辆、油类、化工原料、木材及其制品等。单层仓库如图2-1所示。

4. 多层仓库

多层仓库一般储存百货、电子器材、食品、橡胶产品、药品、医疗器械、化学制品、文化用品、仪器仪表等。一般占地面积较小的多层仓库，建在人口稠密的地区，土地价格较高，搬运货物一般使用垂直输送设备，商品的存放成本较高。多层仓库如图2-2所示。

图2-1　单层仓库

图2-2　多层仓库

5. 立体仓库

立体仓库是指由高层货架、巷道堆垛起重机、出库输送机系统、自动化控制系统、计算机仓库管理系统及其周边设备组成，可对集装单元商品实现机械化自动存取和控制作业的仓库。立体仓库可以在计算机系统控制下完成单元货物的自动存取作业。立体仓库如图2-3所示。

图2-3　立体仓库

6. 无人仓库

在"工业4.0"的大背景下，智能无人仓库在很多行业都得到了广泛应用。物流仓储行业也逐渐进入无人化和智能化阶段，其目的是适应更快的国际工业发展，降低人工成本，提升仓储效率和货物分发精准度。无人仓库如图2-4所示。

图2-4　无人仓库

 行业前瞻
中国的智能机器人项目落户全球

2020年6月，全球机器人行业权威媒体《机器人商业评论》评选的全球Top50机器人公司中，一家来自中国的智能机器人公司北京极智嘉科技有限公司（简称"极智嘉"）（Geek＋）继2019年获奖后蝉联RBR TOP50榜单，这个奖表彰的不仅是该公司的产品质量和创新实力，更是对其全球化布局、项目的全球化复制和落地的高度肯定。

2018年6月，极智嘉（Geek＋）为迪卡侬提供货架到人拣选解决方案——P800机器人，从上海（花桥）仓库的小型POC（验证性测试）开始，测试该解决方案的功效。2018年11月，极智嘉在"双11"期间协助迪卡侬电商业务项目取得了成功，出色地应对了发货高峰期。成功的解决方案让迪卡侬决定扩大合作范围：2019年，电商项目规模扩大；同年7月，迪卡侬又上线了零售2B仓项目；2020年抗击新冠肺炎疫情期间，极智嘉机器人仓仍保持高效运行，并且完成了项目第二阶段的实施，共部署机器人上百台；同时，迪卡侬加速了燕郊仓和东莞仓的落地，以支持业务运营。

目前，极智嘉拥有全品类物流机器人产品线，包括货架到人拣选、货箱到人拣选、分拣、搬运和叉车，以及智能仓和智慧工厂解决方案，在电商、零售、服装、物流、医药、汽车和3C制造行业得到了广泛应用。在中国电商物流的土壤中，在中国物流业快速发展的背景下，我们期待中国的机器人企业蓬勃发展，为全球用户研发稳定、高效、智能的物流机器人，进一步推动智慧物流的发展。

三、仓库的规划建设

一个规划科学合理、管理有序的仓库，可以为企业节约大量的物流成本。仓库规划包含库址选择、仓库整体布局、仓库储存空间布局、作业流程规划等方面，它是物流规划中的一个重要模块。

（一）仓库整体布局

仓库整体布局是指根据实际操作需求，确定各区域的面积和相对位置，最终得到仓库的平面布局。仓库一般划分为3大区域：生产作业区、辅助区、行政区。其中，生产作业区是核心区域，通常由装卸站台、出/入库区、储存区、通道、分拣区、作业工具区、收发货区、发货缓冲区等组成。在进行仓库整体布局时，需要着重考虑生产作业区域的布局。仓库布局如图2-5所示。

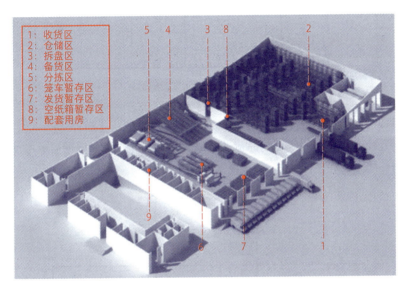

1：收货区
2：仓储区
3：拆盘区
4：备货区
5：分拣区
6：笼车暂存区
7：发货暂存区
8：空纸箱暂存区
9：配套用房

图2-5 仓库布局

在现代仓库中，一般储存区面积占比40%~50%、通道面积占比8%~12%、出/入库区域占比10%~15%、分拣区占比10%~15%、退货及不合格产品区占比5%~10%。主干道一般采用双车道，宽度在6~7 m，次干道为3~3.5 m的单车道。

（二）常见的仓库布局图

常见的仓库布局图主要有U型、直线型和T型三种。

1. U型仓库布局图

根据进/出货频率大小，将流量大的物品安排在靠近进/出口的储存区域，缩短这些物品的拣货、搬运路线。U型仓库布局适用于有大量物品需要，一入库就进行出库操作的企业，以便提高作业效率。储存区在仓库靠里位置，比较集中，易于控制与进行安全防范。这是目前仓储业较多采用的布局。U型仓库布局如图2-6

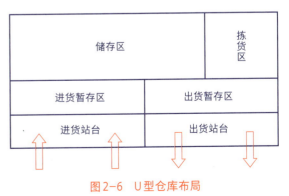

图2-6 U型仓库布局

所示。

2. 直线型仓库布局图

直线型仓库布局适用于作业流程简单、规模较小的物流作业，无论订单大小与拣货数量多少，均需要通过仓库作业全流程。直线型布局可以应对进/出货高峰同时出现的情况。直线型仓库布局如图2-7所示。

图2-7　直线型仓库布局

3. T型仓库布局图

T型仓库布局图可以满足物品流转与储存两大功能，可以根据需求增加储存面积。T型仓库布局如图2-8所示。

图2-8　T型仓库布局

任务二
出入库作业设备

导入任务

上海昊乐国际贸易有限公司的配送中心需要新购置一批出入库作业设备，用于货物出入库作业，并尽可能提高作业效率。请你结合所学知识，设计出入库作业设备采购方案，并了解相应设备使用方法和日常的维护保养。

任务知识

一、叉车的类型与应用

（一）叉车的定义

中华人民共和国国家标准《物流术语》（GB/T18354—2021）对叉车（fork lift trucks）的定义是：具有各种叉具及属具，能够对物品进行升降和移动以及装卸作业的搬运车辆。叉车是工业搬运车辆，对成件托盘货物进行装卸、堆垛和短距离运输作业。叉车广泛应用于港口、车站、机场、货场、工厂车间、仓库和配送中心等，在船舱、车厢和集装箱内进行托盘货物的装卸、搬运作业，是托盘运输、集装箱运输中必不可少的设备。

微课：
出入库作业
设备

（二）叉车的分类

1. 按照其动力装置分类

按照其动力装置的不同，叉车通常可以分为内燃叉车和电动叉车，内燃叉车目前占80%的市场份额。

（1）内燃叉车。内燃叉车是指使用柴油、汽油或者液化石油气为燃料，由发动机提供动力的叉车。载重量为0.5～45 t。内燃叉车优点是马力足，运行时间长；缺点是噪声大，有污染。考虑到尾气排放和噪声问题，通常用在室外、车间或其他对尾气排放和噪声没有特殊要求的场所。由于燃料补充方便，可实现长时间的连续作业，而且能胜任在恶劣的环境下（如雨天）工作。内燃叉车如图2-9所示。

（2）电动叉车。电动叉车以电动机为动力，以蓄电池为能源。承载能力1.0～8.0 t，作业通道宽度一般为3.5～5.0 m。由于没有污染、噪声小，因此广泛应用于室内操作和其他对环境要求较高的行业，如医药、食品等行业。随着人们对环境保护的重视，电动叉车正在逐步取代内燃叉车。电动叉车如图2-10所示。

图2-9　内燃叉车

图2-10　电动叉车

2. 按照其结构形式分类

按照其结构形式的不同，叉车通常可分为托盘搬运车、堆高车、平衡重式叉车、前移式叉车、侧式叉车和四向电动叉车等。

（1）托盘搬运车。托盘搬运车也称托盘叉车，外形结构小巧，操作灵活，主要应用于大型超市、物流仓库或者工厂仓库等场地的运输，可在狭窄空间作业。

托盘搬运车历经四代发展，依次为手动托盘搬运车、半电动托盘搬运车、电动托盘搬运车和无人托盘搬运车。托盘叉车如图2-11所示。

手动托盘搬运车也称为手动液压式托盘搬运车，俗称地牛，主要由手柄、控制挡、油缸、货叉、方向轮和前轮六部分组成。地牛如图2-12所示。

图2-11　托盘叉车　　　　　　　　　　图2-12　地牛

（2）堆高车。堆高车也称为堆垛车，是指对成件托盘货物进行装卸、堆高、堆垛和短距离运输作业的各种轮式搬运车辆。堆高车广泛应用于工厂车间、仓库、流通中心和配送中心、港口、车站、机场、货场等，主要应用于平面内轻量货物快速搬运的举升堆垛和货架入库。

堆高车主要有四大类，分别是手动液压堆高车、半电动堆高车、电动堆高车和无人堆高车。堆高车如图2-13所示。

图2-13　堆高车

电动堆高车主要由门架、货叉、蓄电池、承载轮、方向轮、控制手柄、电源开关、踏板等组成。电动堆高车如图2-14所示。

（3）平衡重式叉车。平衡重式叉车也称为直叉式叉车，是当前应用最广泛的叉车。货叉在前轮中心线以外，为了平衡货物重量产生的倾覆力矩，在叉车后部装有平衡配重，以保持叉车稳定性。平衡重式叉车如图2-15所示。

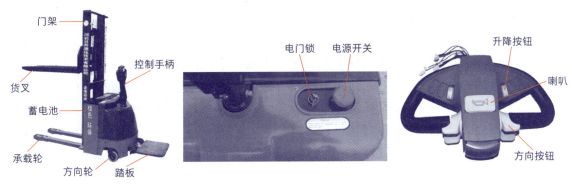

图2-14 电动堆高车

（4）前移式叉车。前移式叉车的门架或货叉可以前后移动，并且发展成为用于存取长、宽件货物的多方向前移式叉车、双深度前移式叉车、室内外通用性前移式叉车等特殊用途产品，目前已逐渐成为主要的叉车类型。前移式叉车如图2-16所示。

图2-15 平衡重式叉车

图2-16 前移式叉车

（5）侧式叉车。侧式叉车的货叉装在叉车一侧。在不转弯的情况下，具有直接从侧面叉取货物的能力，主要用来叉取长条形的货物，如木条、钢筋等。侧式叉车如图2-17所示。

图2-17 侧式叉车

（6）四向电动叉车。四向电动叉车集前移式叉车、侧叉、平衡重式叉车的功能于一体。在构造上，它和前移式叉车基本相同，门架位于前后车轮之间，在叉车前方有呈臂状伸出的两条插腿，插腿前端装有支撑轮，货叉可随门架在叉车前后纵向移动。叉卸货物时，货叉伸出；叉卸货物后，货叉退回到接近车体的中间位置。因此，叉车行驶的稳定性大大提高。四向电动叉车如图2-18所示。

（7）伸缩臂式叉车。伸缩臂式叉车也称为伸缩叉车，配有吊臂和可伸缩臂。连接到伸缩臂上的货叉，将2.5 t的物料移离地面，从6～19 m高的空中吊起。伸缩臂式叉车非常适合伸入狭窄的空间。伸缩臂式叉车如图2-19所示。

图2-18　四向电动叉车

图2-19　伸缩臂式叉车

3. 按照其用途分类

按照其用途的不同，叉车可以分为拣选叉车、重载叉车和越野叉车。

（1）拣选叉车。货叉和人站立脚踏板安装于内滑架上，随装卸装置一同进行上下运动，而且操作者能够拣选储存在货架两侧的物品。拣选叉车上升高度为4～6 m。拣选叉车转弯半径小，适合狭小通道、高层货架库房。拣选叉车如图2-20所示。

图2-20　拣选叉车

（2）重载叉车。重载叉车（也称为大容量叉车）将仓库叉车的功能与伸缩叉车的功能相结合，具有较高的负载能力，起重量为13～25 t，常见的重载叉车包括重载叉车、集装箱正面吊叉车和集装箱堆高机，一般应用的范围比较小，集中在重工业及集装箱码头等场景。重载叉车如图2-21所示。

图2-21　重载叉车

（3）越野叉车。越野叉车是主要的户外作业叉车类型，与工业用平衡重式叉车相比，越野叉车使用充气轮胎，适用于室外建筑、表面不平坦的地方，如砾石、沙子、泥泞甚至是冰雪覆盖的地面。越野叉车配有功率较大的发动机，因此速度更快，且更具灵活性和耐用性。

（三）叉车的结构

叉车的主要组成部分有动力装置、传动装置、转向装置、工作装置、液压系统和制动装置。叉车结构如图2-22所示。

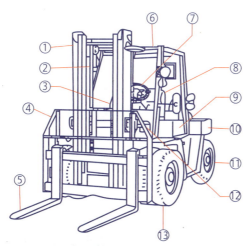

①门架 ②起升油缸 ③控制杆 ④挡货架 ⑤货叉 ⑥护顶架 ⑦方向盘
⑧座椅 ⑨内燃机罩 ⑩平衡重 ⑪后轮胎 ⑫倾斜油缸 ⑬前轮

图2-22　叉车结构

AR三维交互模型：叉车操作

二、托盘的类型与应用

（一）托盘的定义

中华人民共和国国家标准《物流术语》（GB/T18354—2021）对托盘（pallet）的定义是：在运输、搬运和存储过程中，将物品规整为货物单元时，作为承载面并包括承载面上辅助结构件的装置。作为与集装箱类似的一种集装设备，托盘现已广泛应用于生产、运输、仓储和流通等领域，被认为是20世纪物流产业中两大关键性创新之一。

（二）托盘的作用

托盘是使静态货物转变为动态货物的媒介物，是一种载货平台。托盘通常和叉车、手推平板车或液压车配合使用，可以提高物流效率，并且减少货损货差，在物流行业发挥着无可估量的作用。托盘作业不仅可以显著提高装卸效果，托盘的运用，使仓库建筑的形式、船舶的构造、铁路运输和其他运输方式的装卸设施以及管理组织都发生变化。在货物包装方面，促进了包装规格化和模块化。托盘如图2-23所示。

图2-23　托盘

（三）托盘的类型

1. 按照材料分类

托盘按照材料不同可以分为：木质托盘、塑料托盘、金属托盘、纸质托盘和塑木托盘。木质托盘约占90%，塑料托盘占8%，金属托盘、塑木托盘以及纸质托盘合计占2%。

（1）木质托盘。目前，国内木质托盘的材料主要有松木、铁杉、冷杉，以及其他杂类硬木，不同的材料代表托盘的不同使用性能。木质托盘抗弯强度大，刚性好，承载能力大，成本低，易于维修，耐低温和高温性能好，适用范围广；抗冲击性差，在频繁的周转使用中容易损坏，生命周期短；容易受潮，不易清洁。木质托盘如图2-24所示。

（2）塑料托盘。大部分塑料托盘采用PP（聚丙烯）或HDPE（聚乙烯）为主要原料。塑料托盘形状稳定，使用安全，耐用，生命周期长；不吸水，耐酸耐碱，易于清洁；结构种类多样，应用范围广；可回收利用。抗弯强度低，容易变形而难以恢复，与木质托盘相比，其承载能力要小很多。塑料托盘如图2-25所示。

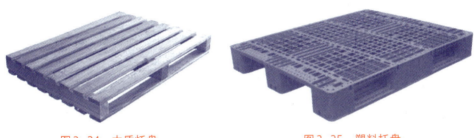

图2-24　木质托盘　　　　　　　　　图2-25　塑料托盘

（3）金属托盘。金属托盘包括重载钢制托盘、镀锌钢板托盘，由钢板焊接成型。金属托盘刚性好，抗弯强度大，承载能力大；易于清洗，适用于出口产品的空运及远洋运输。自重大，表面摩擦力小而容易导致货物滑落，对地板等物流作业场所破坏性大，易生锈；应用范围小。金属托盘如图2-26所示。

（4）纸质托盘。纸质托盘分为蜂窝纸质托盘、纸质托盘箱、瓦楞纸质托盘、滑托板等。纸质托盘不污染环境，符合环保要求，用后可直接送造纸厂回收；轻巧便利、清洁卫生、无虫蛀，完全不需要熏蒸消毒，医药食品等行业可直接使用；价格低廉。纸质托盘承重能力差，防潮性能差。纸质托盘如图2-27所示。

图2-26　金属托盘　　　　　　　　　图2-27　纸质托盘

（5）塑木托盘。塑木托盘是指用一定比例的锯木和塑料复合材料混合，压制成型塑木板材，切割加工并用螺栓固定而成的托盘。塑木托盘结合了部分木质托盘和塑料托盘的特点，具有良好的防潮、防腐、防酸碱的性能，价格却低于其他各类托盘。塑木托盘如图2-28所示。

图2-28　塑木托盘

2. 按照形态分类

托盘按照形态不同可以分为：平托盘、柱式托盘、箱式托盘。

（1）平托盘。平托盘几乎是托盘的代名词，其使用范围最广，利用数量最大，通用性最好。

平托盘按照台面的不同分类，可以分为单面型、单面使用型、双面使用型和翼型。按照叉车叉入方式分类，可以分为单向叉入型、双向叉入型、四向叉入型。

（2）柱式托盘。柱式托盘分为固定式和可卸式两种，其基本结构是托盘的4个角有钢制立柱，柱子上端可用横梁连结，形成框架。柱式托盘的主要作用表现在：利用立柱支撑重量物，往高叠放，不压坏货物；可防止托盘上放置的货物在运输和装卸过程中发生塌垛现象。柱式托盘如图2-29所示。

图2-29　柱式托盘

（3）箱式托盘。箱式托盘也称仓储笼，是四面有侧板的托盘，有的箱体上有顶板，有的没有顶板。既满足了满载堆垛多层存放运输，也可空载折叠收藏，不占空间，节约仓储空间利用率。除此之外，具有存放物品容量固定、整洁清晰、便于库存清点等优势，广泛应用于购物广场、食物、汽配、工程机械、五金、医药、立体仓储、包装、运送、周转、堆码、配套、外销、出口等各行各业。箱式托盘如图2-30所示。

图2-30　箱式托盘

AR三维交互模型：托盘类型

（四）托盘的规格

中华人民共和国国家标准《联运通用平托盘主要尺寸及公差》（GB/T2934—2007），将6种托盘的规格并列成为全球通用的国际标准。分别是：1 200 mm×1 000 mm、1 200 mm×800 mm、1 219 mm×1 016 mm、1 140 mm×1 140 mm、1 100 mm×1 100 mm和1 067 mm×1 067 mm。目前托盘尺寸分为1 200 mm与1 100 mm两大尺寸系列。我国应用最广泛的是1 200 mm×1 000 mm托盘。托盘规格如图2-31所示。

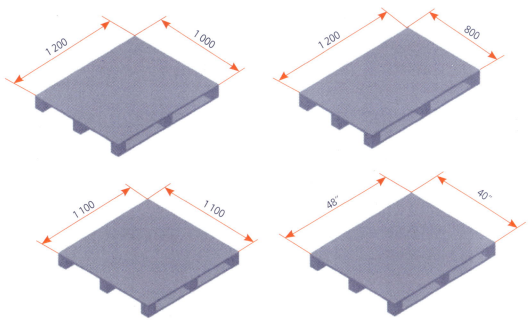
图2-31　托盘规格

一般出口欧洲的货物要选用1210托盘（1 200 mm×1000 mm）或1208托盘（1 200 mm×800 mm）；出口日本、韩国的货物选用1 111托盘（1 100 mm×1 100 mm）；出口大洋洲（澳大利亚、新西兰）的货物要选用1 140 mm×1 140 mm或1 067 mm×1 067 mm的托盘；出口美国的货物要选用48 in×40 in的托盘，我国一般选用1 210托盘发往美国。

三、货架的类型与应用

（一）货架的定义

根据中华人民共和国国家标准《物流术语》（GB/T18354—2021）的定义，货架是由立柱、隔板或横梁等结构件组成的储物设施。货架是用于存放成件物品的保管设备，是现代化仓库提高作业效率的重要工具。

（二）货架的作用

1. 提高库容利用率

货架是一种架式结构物，可充分利用仓库空间，提高库容利用率，扩大仓库储存能力。

2. 减少物资损耗

存入货架中的货物，互不挤压，物资损耗小，可保证物资本身的功能，减少货物的损失。

3. 存取方便

货架中的货物存取方便，便于清点及计量，可做到先进先出。

4. 保证存储货物的质量

可以采取防潮、防尘、防盗、防破坏等措施提高物资存储质量。

5. 有利于自动化管理

很多新型货架的结构及功能有利于实现仓库的机械化及自动化管理。

（三）货架的类型

1. 按照适用性分类

按照货架的适用性，可以分为通用货架和专用货架。按照货架的制造材料不同，可以分为钢货架、钢筋混凝土货架、钢与钢筋混凝土混合式货架、木制货架、钢木合制货架等。

2. 按照载货方式分类

按照货架的载货方式不同，可以分为悬臂式货架、橱柜式货架、棚板式货架。

3. 按照货架高度不同分类

按照货架高度不同，可以分为低层货架、中层货架和高层货架。低层货架的高度在5 m以下；中层货架的高度在5~15 m；高层货架的高度在15 m以上。

4. 按照货架重量分类

按照货架重量不同，可以分为重型货架、中型货架和轻型货架。重型货架的每层货架载重量在500 kg以上；中型货架的每层搁板载重量150~500 kg；轻型货架的每层货架载重量在150 kg以下。

AR三维交互模型：货架类型

（四）常见的货架

1. 托盘货架

（1）定义。托盘货架俗称重型货架、横梁式货架、货位式货架，用于储存单元化托盘货物，在国内的各种仓储货架系统中是最为常见的一种货架。

（2）结构。托盘货架由立柱、横梁、横撑、斜撑、脚板、跨梁，以及自锁螺栓等组装而成。该结构具有简单可靠、重量小、承载力强、造价低的特点。托盘货架一般由主架与副架组成，形成两组货架。主架由两根立柱和四根横梁组成，副架由一根立柱和四根横梁组成，可无限延伸。托盘货架结构如图2-32所示。

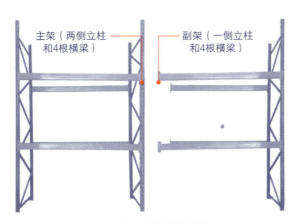

主架（两侧立柱和4根横梁）　副架（一侧立柱和4根横梁）

图2-32　托盘货架结构

（3）规格尺寸。托盘货架尺寸一般是（内到内）2 300 mm×1 000 mm×4 500 mm，一般2层横梁放3层货，或者3层横梁放4层货。托盘货架可以根据需要订制，最高可以设计到叉车能够叉到的高度，一般在10 m左右。

2. 重力式货架

（1）定义。重力式货架由托盘式货架演变而来，适用于少品种、大批量同类货物的存储，空间利用率较高。重力式货架广泛应用于超市、医药、化工和电子等行业，主要用于对货物时差要求较高的（如保证生产线的物料不间断供给）场合。

重力式货架可分为滚筒式重力货架和流利式重力货架两种。滚筒式重力货架主要以托盘为单位存放货物，其承载力大；流利式重力货架主要以塑料箱、纸箱为单位存放货物。重力式货架如图2-33所示。

图2-33　重力式货架

（2）结构。重力式货架是横梁式货架的衍生品之一，其结构与横梁式货架相似，只是在横梁上安装滚筒式轨道，轨道呈3°～5°倾斜。托盘货物用叉车搬运至货架进货口，利用自重，托盘从进货口自动滑行至另一端的取货口。重力式货架属于先进先出的存储货架。

3. 层板式货架

（1）定义。层板式货架又称搁板货架，是货架类型中最为常见也是应用最为广泛的一类货架。根据其承载力大小不同，货架可以分为轻型层板式货架、中型层板式货架和重型层板式货架。层板式货架一般使用3～5层，货架高度受限，一般在6 m以下。

（2）结构。层板式货架是由立柱、横梁、层板组装而成的。独立的一组有两片立柱，为主架。如果把几组货架组装成为一列，那么除了第一组需要两片立柱外，其他的可以和它前面的一组共用一片立柱，为副架。层板货架结构如图2-34所示。

图2-34　层板货架结构

4. 阁楼货架

（1）定义。阁楼货架是一种充分利用仓库上层空间的简易货架。在已有的货架或工作场地上建造一个中间阁楼，以增加储存的面积。阁楼楼板上一般可放轻泡货物及中小件货物或储存期长的货物，可用叉车、输送带、提升机、电动葫芦或升降平台提升货物高度。阁楼上一般采用轻型小车或托盘牵引小车作业。阁楼货架适用于空间利用率高，货物较轻，人工存取，存放多品种、少批量货物的仓库。阁楼货架存取、管理货物均较为方便，如存放五金工具、电子器材、机械零配件等物品的小包装散件等。阁楼货架系统在电力、机械、汽车、电子等行业有较多应用。阁楼货架如图2-35所示。

图2-35　阁楼货架

（2）结构。阁楼货架基础结构采用中型或重型货架立柱，一般将仓库分为2~3层。货架楼板采用专用楼板，楼板采用互扣式结构。在楼板下面架设支撑梁。具有承载能力强、整体性好、承载均匀性好、稳定性强等优势。单元货架每层载重量通常在500 kg以内，楼层间距通常为2.2~2.7 m，顶层货架高度一般为2 m左右，充分考虑工作人员操作的便利性。

5. 驶入式货架

（1）定义。驶入式货架又称通廊式货架或贯通式货架，是一种不以通道分割，连续性的整体性货架。驶入式货架可供叉车（或带货叉的无人搬运车）驶入通道存取货物，常用于冷库、食品、烟草等存储空间成本较高的仓库。驶入式货架采用托盘存取模式，适用于存放品种单一、批量大的货物，尤其适合存放大批量的同类型的产品货物。驶入式货架如图2-36所示。

（2）结构。驶入式货架主要由立柱、斜撑、横撑、背拉、顶拉、顶横梁、隔撑、双牛腿、挂板、单牛腿、护脚、导轨等组成。驶入式货架可根据实际需要选择配置导向轨道，在导轨上，托盘一个紧接着一个存放，这使得高密度存储成为可能。驶入式货架的牛腿及牛腿搁板均采用整体冲压/滚压技术，具有承载能力强，外型美观的特点。驶入式货架结构如图2-37所示。

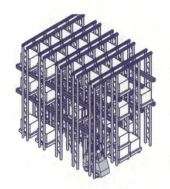

图2-36 驶入式货架

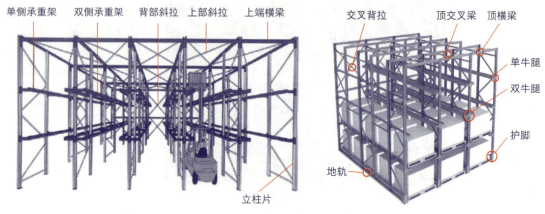

单侧承重架　双侧承重架　背部斜拉　上部斜拉　上端横梁　　交叉背拉　　顶交叉梁　顶横梁

单牛腿

双牛腿

护脚

地轨

立柱片

图2-37 驶入式货架结构

6. 悬臂式货架

（1）定义。悬臂式货架是货架中重要的一种，主要是由立柱片、悬臂梁、连接杆等组成的货架。悬臂式货架适用于存放长物料、环型物料、板材、管材及不规则货物。悬臂式货架多用于机械制造行业和建材超市等。悬臂式货架如图2-38所示。

图2-38 悬臂式货架

（2）结构。悬臂式货架主要是由立柱片、悬臂梁、连接杆等构件组成的货架，悬臂可以是固定的，也可以是移动的。悬臂式货架的悬臂可以是单面或双面的，单面悬臂一般靠墙使用。货架高度受限，一般在6 m以下。悬臂式货架既可以通过人工存取货物，也可以通过叉车存取货物。人工存取货物一般定制在3 m以下。叉车存取货一般设计在6 m以下，因为是长条形货物，所以不宜设计太高，这样才不会影响存取货物。悬臂长度在1.5 m以内，每臂载重通常在800 kg以内。悬臂式货架结构如图2-39所示。

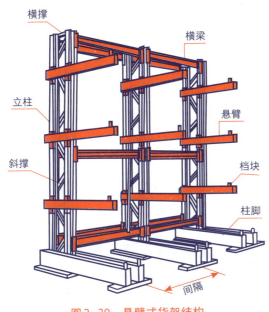

图2-39 悬臂式货架结构

任务三
在库保管作业设备

导入任务

上海昊乐国际贸易有限公司芜湖配送中心的仓库用于储存周转商品，包括进口红酒、饮料、快消品等。为了保证商品的在库保管质量，请根据所学知识，为该配送中心的仓库配置合适的在库保管作业设备，并了解在库保管作业设备的使用方法和日常的维护保养。

任务知识

一、保管设备

（一）保管设备的定义

中华人民共和国国家标准《物流术语》（GB/T18354—2021）对保管的定义是：对物品进行储存，并对其进行保护和管理的活动。保管设备是仓库保管商品的主要设备，对于在库商品质量的维护起到重要作用。在各种类型的仓库中，保管设备都是不可缺少的，且数量庞大。

（二）保管设备的分类

仓库的保管设备根据商品在库期间对其在保管、养护中所起的作用，可分为苫垫用品、存货用具、计量设备、养护检验设备、通风保暖照明设备、消防安全设备、劳动防护设备，以及其他用途设备和工具等。

1. 苫垫用品

苫垫用品起遮挡雨水和隔潮、通风等作用。包括苫布（油布、塑料布等）、苫席、枕木、石条等。苫布、苫席用在露天堆场。苫垫用品如图2-40所示。

图2-40　苫垫用品

2. 存货用具

在现代化仓库管理中，存货的主要设备是货架。存货用具包括各种类型的货架和货橱。

（1）货架，即存放货物的敞开式格架。货架在批发、零售量大的仓库，特别是立体仓库中起很大的作用，它既便于货物的进出，又能提高仓库利用率。

（2）货橱，即存放货物的封闭式格架。主要用于存放比较贵重的或需要特别养护的商品。

3. 计量设备

计量设备主要用于商品进出时的计量、点数，以及货存期间的盘点、检查等，如地秤、轨道衡、电子秤、电子计数器、流量仪、皮带秤、天平仪，以及较原始的磅秤、卷尺等。随着仓储管理现代化水平的提高，现代化的自动计量设备将会更多地得到应用。

4. 养护检验设备

养护检验设备是指商品进入仓库验收和在库内保管测试、化验，以及防止商品变质、失效的机具和仪器。如温度仪、测潮仪、吸潮器、烘干箱、风幕（设在库门处，以产生内外温差）、空气调节器、商品质量化验仪器等。在规模较大的仓库中，这类设备使用较多。

5. 通风保暖照明设备

通风保暖照明设备主要保证仓库通风、保暖和照明。

6. 消防安全设备

消防安全设备是仓库必不可少的设备，包括报警器、消防车、手动抽水器、水枪、消防水源、沙土箱、消防云梯等。

7. 劳动防护设备

劳动防护设备用于确保仓库职工在作业中的人身安全。

（三）常见的保管设备

1. 通风系统

一般物流仓库都是钢结构厂房，一到夏天，室内温度比室外温度高，仓库面积通常很大，空气不流通。在大型仓库工作或管理时，良好的内部空气质量非常重要。良好的通风系统才能保证员工的工作环境，提高工作效率，减少和避免因闷热导致的中暑。通风系统必须让新鲜空气进入仓库，同时让余热和污染物排出。仓库的通风方法主要有自然通风和机械通风两种。

（1）自然通风。自然通风在很多情况下是无法满足需求的，大型仓库一般会在屋顶安装无动力屋顶风机（如图2-41所示）或安装屋顶通风天窗（如图2-42所示）等。大型仓库一般配合采用功率大、风量大的排气扇（如图2-43所示）。

无动力屋顶风机运行无须电辅之力，是根据空气热力学原理，以室内外的不同气压和温度的轻微差异，通过自然风使球状流体型通风仪在自然状态下自动持续不断地旋转运行，时刻不停地排除室内污浊空气，使室外的新鲜空气不断流入。其

图2-41　无动力屋顶风机

图 2-42　屋顶通风天窗

图 2-43　排气扇

作用是促进和改善室内自然通风条件，加快室内空气交换速度，增加室内新鲜空气的流通量，充分保证室内空气的有效对流，使室内空气始终保持清新健康，预防室内环境污染和呼吸性疾病。

（2）机械通风。机械通风是依靠风机产生的风压强制室内外空气流动进行换气的通风方式。机械通风系统包括通风机、通风管、排气罩（或送风口）和空气净化设备。与自然通风相比较，机械通风具有如下优点：进入室内的空气可以预先进行处理（加热、冷却、干燥、加湿），使温湿度符合卫生要求；排出的空气可以进行粉尘或有害气体的净化，减少污染；可以将新鲜空气按照工艺布置特点分送到各个送风部位。机械通风系统如图 2-44 所示。

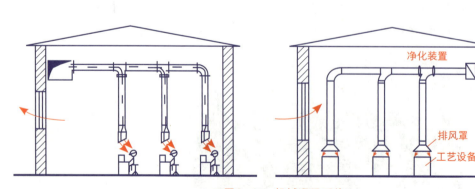

图 2-44　机械通风系统

① 通风机。通风机是指在通风系统中用来输送空气的动力设备。按不同作用、原理和结构形式，通风机可分为离心式通风机和轴流式通风机。通风机如图2-45所示。

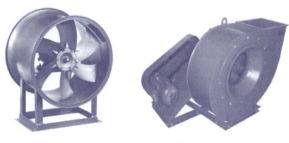

图2-45　通风机

② 通风管道。通风管道是连接风机、空气处理设备和进（排）风口输送空气的管道。通风管道如图2-46所示。

图2-46　通风管道

③ 排气罩。排气罩又分为密闭性排气罩、槽边排风罩、外部排气罩、吹吸式排气罩、柜式排气罩等。排气罩如图2-47所示。

图2-47　排气罩

④ 空气净化设备。空气净化设备是指能够吸附、分解或转化各种空气污染源、空气污染物室内的生物性污染，主要包括细菌、真菌、霉菌、病毒、尘螨、花粉、宠物皮屑、生物体有机成分等，是有效提高空气清洁度的产品。空气净化器如图2-48所示。

图2-48　空气净化器

2. 照明设备

在设计照明设备时，要根据仓库的具体要求，采用合理的照明灯具，节约企业成本，提高照明质量。根据仓库照明灯具的配置要求，在仓库照明中根据《建筑照明设计标准》(GB50034—2013)，仓库照明灯具必须满足以下几方面的要求：满足仓库照明照度的要求，一般来说仓库的地面照度不应少于50 lux以上，以便于货物标签的识别等。要根据库房的环境和用途，来确定库房的危险等级和对照明的照度要求，是否使用防爆灯具等。在库房照明中，要选择适合库房使用的灯具光源（不能使用日光灯、碘钨灯），线路的敷设和灯泡的安装应在通道上方等。仓库照明设备如图2-49所示。

图2-49　仓库照明设备

3. 仓库除湿设备

对于仓库管理者而言，仓库如何除湿是一项重要的工作。如果仓库湿度大，那么很容易造成货物的损坏，因此应该对仓库进行定期的除湿管理工作。仓库常见的除湿设备主要是除湿机，也可以利用抽风机、吸湿剂（如木炭、硅胶、生石灰等）用于仓库的除湿管理。除湿机如图2-50所示。

图2-50　除湿机

除湿机一般适用于储存棉布、针棉织品、贵重百货、医药、仪器、电工器材和烟糖类物品，促进吸湿散潮。除湿机能够起到改善潮湿生产环境的具体作用，通过机器运转可以除掉潮湿的水分和悬浮微粒，也能够有效除掉潮湿环境带来的霉菌，从而使空气变得更为干燥。

4. 温湿度控制系统

对存放于仓库的物品，长期处于不适宜的环境中会造成严重损坏。因此，仓库温湿度也是监控管理工作中一个较为重要的问题。所以，不仅要进行对仓库本身的监控，而且必须进行对仓库内环境温湿度的监控。实践证明，采用密封、通风与吸潮相结合的办法，是控制和调节库内温湿度行之有效的办法。

（1）干湿球温度表。测定空气温湿度的工具是干湿球温度表。为避免阳光、雨水、灰尘的侵袭，应将干湿球温度表放在百叶箱内。百叶箱中温度表的球部离地面的高度为2 m，百叶箱的门应朝北放置，以防观察时受阳光直接照射。箱内应保持清洁，不放杂物，以免造成空气不流通。在库内，干湿表应放置在空气流通、不受阳光照射的地方，不要挂在墙上，挂置高度与人眼平，约1.5 m左右。每日必须定时对库内的温湿度进行观测记录，一般在8：00—10：00、14：00—16：00各观测一次。记录资料要妥善保存，定期分析，摸出规律，以便掌握商品保管的主动权。干湿球温度表如图2-51所示。

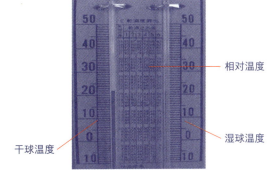

图2-51　干湿球温度表

（2）仓库温湿度监测系统。仓库温湿度监测系统基于传感技术、网络技术、信息管理技术、通信技术等先进技术，按照分布式原则设计，以全数字信号进行传输。首先对单个或距离相近的数个监控点位进行温湿度数据检测管理，然后通过总线传输到数据转换器。数据转换器将输入的温湿度数字数据传输到监控主机。通过温湿度监测软件接收、显示、分析、监测，从而达到实时监控被监测点位的温湿度环境变化。仓库温湿度监测系统是能够24小时不间断实时监控记录的自动化监测系统。温湿度控制系统如图2-52所示。

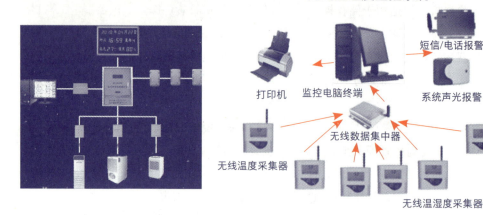

图2-52　温湿度控制系统

5. 消防安全设备

消防安全设备是指仓库建筑物内的火灾自动报警系统、室内消火栓、室外消火栓、警报器、灭火器、消防泵、水池、水井、沙土箱、水带、水枪、水桶、铁锹、斧、梯子等。

（1）火灾自动报警系统。火灾自动报警系统具有火灾报警、火灾报警控制、气体灭火控制、故障报警、屏蔽、监管、自检、信息显示与查询、电源显示、软件控制等功能。通过在各处安装探头，所有探头接入一台主机。当探头探测到有火灾的迹象时，就会把信息传递给主机，主机通过发出报警响声和显示报警的原因来提醒工作人员。在出现火情时能迅速处理，让消防工作人员在火灾发生时能及时对火灾现场采取有效处理，并且能对现场消防设备进行智能实时监控。火灾自动报警系统如图2-53所示。

（2）消火栓。消火栓是一种固定式消防设备，主要作用是控制可燃物，隔绝助燃物，消除着火源。消火栓的类型有室内消火栓和室外消火栓。消火栓如图2-54所示。

图2-53　火灾自动报警系统

图2-54　消火栓

（3）灭火器。灭火器是一种可携式灭火工具。灭火器内放置化学物品，用以消灭火灾。灭火器是常见的防火设施之一，存放在公众场所或可能发生火灾的地方，不同种类的灭火器内装填的成分不一样，是专为不同的火灾起因而设置的。

灭火器的种类很多，按照其移动方式不同可分为手提式灭火器和推车式灭火器；按照驱动灭火剂的动力来源可分为储气瓶式灭火器、储压式灭火器、化学反应式灭火器；按照所充装的灭火剂则又可分为泡沫灭火器、干粉灭火器、卤代烷灭火器、二氧化碳灭火器、清水灭火器等。灭火器及灭火类型如表2-1所示。

表2-1　灭火器及灭火类型

灭火器类型	灭火器原理	适合的火灾类型	备注
泡沫灭火器	泡沫灭火器灭火时，能喷射出大量二氧化碳及泡沫，它们能黏附在可燃物上，使可燃物与空气隔绝，达到灭火的目的 两种溶液互不接触，不发生任何化学反应。当需要泡沫灭火器时，把灭火器倒立，两种溶液混合在一起，就会产生大量的二氧化碳气体	适用于扑救一般B类火灾，如油制品、油脂等火灾，也可适用于A类火灾	AB类

灭火器类型	灭火器原理	适合的火灾类型	备注
干粉灭火器	干粉灭火器内部装有磷酸铵盐等干粉灭火剂，这种干粉灭火剂具有易流动性、干燥性，由无机盐和粉碎干燥的添加剂组成，可有效扑救初起火灾。干粉种类主要有ABC干粉和BC干粉	扑救贵重设备（E类）、档案资料（A类）、仪器仪表（E类）、600V以下电气设备（E类）及油类（B类）的初起火灾	ABE类
二氧化碳灭火器	二氧化碳灭火器是指利用所充装的液态二氧化碳喷出灭火的灭火器。在常压下，液态二氧化碳会立即汽化，具有流动性好、喷射率高、不腐蚀容器和不易变质等优良性能	固体类物质、易燃可燃液体、气体及带电设备的初起火灾（ABCE类）	ABCE类
卤代烷灭火器	卤代烷灭火器是充装卤代烷灭火剂的灭火器。该类灭火剂品种较多，而我国只发展两种，分别是二氟一氯一溴甲烷和三氟一溴甲烷，简称1211灭火器和1301灭火器。目前，1211灭火器和1301灭火器因为破坏臭氧层，已经列入国家淘汰的灭火器目录	任何可燃物（ABCDE类）	ABCDE类
清水灭火器	清水灭火器中充装清洁的水，为了提高灭火性能，需要在清水中加入适量添加剂，如抗冻剂、润湿剂、增黏剂等。国产的清水灭火器采用储气瓶加压方式，加压气体为液体二氧化碳。清水灭火器只有手提式，没有推车式	主要用于扑救固体物质火灾，如木材、棉麻、纺织品等的初起火灾	A类

6. 劳动防护用品

劳动防护用品是指为了保护工人在生产过程中的安全和健康而发给个人使用的防护用品。例如安全帽、工作服、防护手套、防护镜、防护鞋、防毒面具等。个人防护装备是保护劳动者免受伤害的最后一道防线。仓库保管一般用到的劳保用品有防尘口罩、防热头罩、绝缘安全帽、防护手套、防护服、带钢头的防护鞋等。

以下主要介绍安全帽、防护手套、工作服。

（1）安全帽。安全帽是指对人头部受坠落物及其他特定因素引起的伤害起防护作用的帽子。安全帽由帽壳、帽衬、下颚带及附件等组成，属于特种防护用品。采购安全帽时要携带三证：生产许可证、产品合格证、安全标志证（安全鉴定证）。安全帽的主要作用是防止从高处坠落伤害头部；防止机械性损伤。安全帽如图2-55所示。

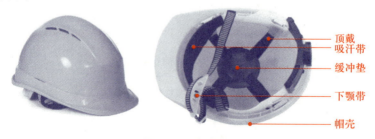

图2-55　安全帽

（2）防护手套。防护手套是指用以保护手部不受伤害的用具。仓库中常见的防护手套主要有棉纱手套和帆布手套，用于普通搬运、组装、建筑、仓储管理、码头搬运等领域。防护手套形状按照手型设计，采用紧握式可防止手部接触留下手印。防护手套如图2-56所示。

图2-56　防护手套

（3）工作服。为了有效保护仓库员工的安全，仓库管理员一般会给每位仓库员工发放冬、夏工作服和工作鞋。上班时间必须统一穿着仓库配发的工作服和工作鞋。仓库员工一般还配备安全反光衣，在夜间或特殊天气情况下工作，减少不必要的伤亡。工作服和反光衣如图2-57所示。

黑夜　　　　　　　　　白天

图2-57　工作服和反光衣

二、计量盘点设备

（一）计量盘点设备的定义

计量盘点设备是商品出入库的计量、点数，以及在库盘点、检查中经常使用的度量衡设备。计量盘点设备是利用机械原理或电测原理确定货物物理量大小的设备。

（二）计量盘点设备的分类

仓库中使用的计量盘点设备种类很多，从计量方法的角度可以做如下分类：

（1）质量计量设备。质量计量设备包括各种磅秤、地下衡及轨道衡、电子秤等。

（2）流体容积计量设备。流体容积计量设备包括流量计、液面液位计等。

（3）长度计量设备。长度计量设备包括检尺器、自动长度计量仪等。

（4）个数计量设备。个数计量设备包括自动计数器及自动计数显示设备等。

在以上四种设备中，质量计量设备是仓库中最常用到的计量盘点设备。

（三）常见的计量盘点设备

1. 台秤

仓库在货物入库时需要查验货物单重，单重分为净重和毛重，货物单重一般通过称重的方式核定。台秤操作简单且准确，可用于计数、累计和自动称重。台秤广泛应用于仓库、车间、货场、集贸市场等场合。按结构原理不同，台秤可分为机械秤、电子秤、机电结合秤三大类；按用途不同，台秤可分为吊秤、配料秤、皮带秤等多种。台秤如图2-58所示。

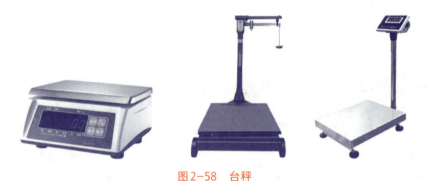

图2-58　台秤

2. 平台秤

平台秤是指介于台秤和汽车衡之间的电子衡器，平台秤可应用于多种场合称重，可广泛应用于物流中心、化工、制药和其他的工业场所。平台秤称重范围一般为1~10 t。根据称量物体价值的不同可分为：普通型平台秤、中精度型平台秤及高精度型平台秤。同时，根据使用环境的不同，又可分为普通型平台秤和防爆型平台秤。平台秤如图2-59所示。

图2-59　平台秤

3. 叉车秤

叉车秤是搬运和称重同时作业的电子秤，是指在小型手动液压升降搬运车的基础上增加高精度称重传感器和智能化数字显示仪表而组成的称重系统。叉车秤实现了叉车和电子地磅功能的结合，每次的称重数据都可以自动显示。叉车秤特别适用于商贸、工矿等物流作业中货物的称量。叉车秤如图2-60所示。

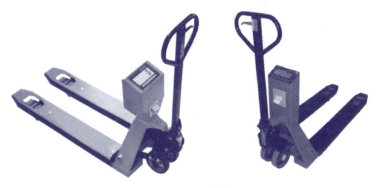

图2-60　叉车秤

4. 地中衡

地中衡也称为汽车衡，是指可将汽车所载货物一同称重的杠杆秤。按结构和功能不同，地中衡可分为机械式地中衡、机电结合式地中衡和电子式地中衡3类，以机械式地中衡为最基本的类型。机械式地中衡和机电结合式地中衡的秤体安放在地下的基坑里，秤体表面与地面持平。电子式地中衡的秤体直接放在地面上或架在浅坑上，秤体表面高于地面，两端带有坡度，可移动使用，又称无基坑汽车衡。地中衡如图2-61所示。

图2-61　地中衡

德技并修
走进"李想劳模创新工作室"，探索长安民生智慧物流背后的秘密

一方天地，11个人的团队、18项实用新型专利、15项发明专利、4项著作权。这就是重庆市两江新区授牌的"李想劳模创新工作室"，也是长安民生物流的智慧大脑——智慧物流实验室，如图2-62所示。

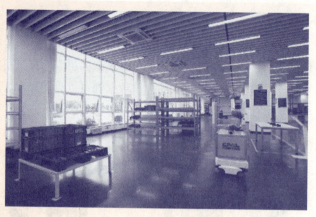

图2-62　李想劳模创新工作室

　　一个劳模就是一面旗帜。"李想劳模工作室"的由来正是由工作室的领头羊——2019年重庆市五一劳动奖章获得者李想的名字命名的。李想和他的团队也用一系列成果告诉我们，劳模＋创新＝创新物流服务，创造美好生活。无人机与RFID在整车盘点管理中的集成应用使整体效率提升了65%，不仅实现了作业过程智能化，而且降低了人力成本。"一种汽车零部件货到人的方法"的研究，打造完成"重庆长安渝北工厂物流无人仓"，成功实现汽车物流行业在零部件入厂物流端存储、归位、拣选，以及出货等全流程环节的无人化。"杭州自动化立体库"拥有14 000余个库位，每日出入库6 400个托盘，效率提升40%，存储能力提升60%；"轮胎分装桁架机器人及无人叉车"实现了轮胎下线自动转运、自动排序、自动出库，实现了两个独立智能化设备同系统集成应用。这些均为李想劳模创新工作室的研发成果。而他们成功的背后，折射出的是长安民生物流近年来在智慧化、平台化方面，用创新赋能智慧作翼，不断向智慧物流转型升级的决心。

　　智慧物流实验室的创建，正是长安民生物流紧跟全球物流技术发展趋势，坚持"通用设备集成应用，专用设备协同研发"的基本原则，致力于给物流插上"智慧"的翅膀的重要举措之一。

同步测试

一、单选题

1. 最常见、使用最广泛的仓库类型是（　　　）。
　　A. 单层仓库　　　　　　　　　　　B. 多层仓库
　　C. 立体仓库　　　　　　　　　　　D. 简仓
2. 电动堆高车的行进方向为（　　　）。
　　A. 货叉在前　　　　　　　　　　　B. 货叉在后
　　C. 货叉在左　　　　　　　　　　　D. 货叉在右

3. 在全球应用范围最广，在中国也得到最广泛应用的托盘尺寸为（　　　）。

    A. 1 200 mm×1 000 mm　　　　B. 1 200 mm×800 mm

    C. 1 219 mm×1 016 mm　　　　D. 1 140 mm×1 140 mm

4. 清水灭火器适合的火灾类型为（　　　）。

    A. A类火灾　　　　　　　　　B. B类火灾

    C. C类火灾　　　　　　　　　D. D类火灾

5. 塑料引发的火灾类型为（　　　）。

    A. A类火灾　　　　　　　　　B. B类火灾

    C. C类火灾　　　　　　　　　D. D类火灾

二、多选题

1. 仓库一般划分为3大组成部分，即（　　　）。

    A. 生产作业区　　　　　　　　B. 辅助区

    C. 行政区　　　　　　　　　　D. 生活区

2. 内燃叉车的缺点有（　　　）。

    A. 噪声大　　　　　　　　　　B. 运行时间长

    C. 有污染　　　　　　　　　　D. 马力足

3. 托盘搬运车在不断发展中出现的主要类型有（　　　）。

    A. 手动托盘搬运车　　　　　　B. 半电动托盘搬运车

    C. 电动托盘搬运车　　　　　　D. 无人托盘搬运车

4. 平托盘按台面不同，可以分为（　　　）。

    A. 双向插入型　　　　　　　　B. 四向插入型

    C. 单面型　　　　　　　　　　D. 双面型

5. 在国际贸易中采用的托盘尺寸和特点为（　　　）。

    A. 1.1 m×1.1 m　　　　　　　B. 1.2 m×1 m

    C. 双向操作　　　　　　　　　D. 四向操作

三、判断题

1. 中转仓库是物资流通的中转站，一般储存长期停放的货物，方便货物等待装运并在此中转。（　　　）

2. 叉车按照动力装置，通常可以分为内燃叉车和电动叉车，电动叉车目前占80%的市场份额。（　　　）

3. 木质托盘约占90%，塑料托盘占8%，钢制托盘、复合材料托盘以及纸质托盘合计占2%。（　　　）

4. 托盘应避免遭受阳光暴晒，以免引起老化，缩短生命周期。（　　　）

5. 重力式货架无法实现货物先进先出。（　　　）

项目实训

运用仓库作业设备完成托盘货物上架作业

实训目的：

使学生掌握仓库作业设备的操作要求，并根据订单完成托盘货物的上下架作业，学生在实训中锻炼团队协作能力。

实训组织：

小组形式。

实训内容：

（1）纸箱货物的码盘作业。

（2）运用托盘搬运车完成托盘货物的搬运作业。

（3）运用电动堆高车完成托盘货物上架作业。

实训要求：

以小组为单位，小组成员进行分工，两人负责将纸箱货物合理码放到托盘上，一人操作液压式托盘搬运车进行托盘货物的库内水平搬运，一人操作电动堆高车完成托盘货物的上架作业。严格按照液压式托盘搬运车和电动堆高车的操作流程，通过操作设备完成托盘货物的库内搬运和上架作业，注意考核学生设备操作的规范性和安全性。

1. 托盘搬运车的操作步骤如表2-2所示。

表2-2　托盘搬运车的操作步骤

序号	步骤	图例	说明
1	插取托盘		需先将地牛从托盘宽边（非长边）插入，留20 cm距离。不能完全插到底部，留2~3 cm的距离，以防碰撞
2	打下把手		地牛控制挡把手上有三个挡位，中间是定位挡，此挡位车既不上升也不下降；往上拨是空挡，即下降的挡位、泄压挡位；往下拨是挂挡，即闭合油封，便于其液压上升
3	持续液压		上下压动地牛把手，使其上升到合适的高度

序号	步骤	图例	说明
4	打平把手		托盘高于地面2~3 cm的距离。升高后，再将地牛控制挡拨到空挡位，此时地牛把手不带升降，很轻，很省力
5	拉动行进		单手或双手拉住地牛把手，拖至指定位置
6	托盘落地		将地牛挡位一直往上拨，直到叉车降到最低位置，托盘完全落至地面
7	地牛退叉		再把控制挡把手调至空挡，双手把叉车拖出
8	设备归位		把地牛放至指定位置，车轮横打。确保控制挡位空挡，货叉放至最低位置

2. 电动堆高车的操作步骤如表2-3所示。

表2-3 电动堆高车的操作步骤

操作	步骤	图例	说明
启动设备	打开护栏		护栏可保护操作员操作安全，尤其在转弯时不被惯性甩出车外
	向外拉出电源总开关		用手将电源总开关向外拔出
	用钥匙打开电门锁		顺时针转动钥匙，启动设备

续表

操作	步骤	图例	说明
启动设备	检查蓄电池是否有电		如电量充足，可以放心使用。如电量不足，要及时充电。电量表显示小于1/3时要及时充电
	双手向下压操纵把手，转动方向迅速控制按钮，前进或后退		用双手向后将操纵把手下压至0°~90°。大拇指将方向速度控制按钮向前渐渐转动，车辆朝前运行。速度由方向速度控制按钮转动角度控制
上架作业	开出存放区		鸣笛起步
	正确插取托盘		货叉居中插入托盘，不摩擦、不碰撞；确保挡板贴合货物；上升托盘货物抬离地面10~20 cm。
	上升货叉		移至货位前，继续上升托盘货物，将货叉上升至合适高度，确保托盘底部略高于货物横梁
	将托盘货物放置托盘货架对应货位		保证托盘不偏不倚地搭在托盘货架横梁上
	后退抽叉		小幅度下降货叉，保证货叉在插孔中可以平稳抽叉；后退抽叉

操作	步骤	图例	说明
上架作业	设备归位		放置指定位置；确保货叉放至最低位置；按下开关、熄火；收回踏板
下架作业	提升货叉、进叉		将货叉提升至横梁和托盘槽之间，进叉
	货叉提升		货叉提升至托盘底部，完全脱离货架横梁
	后退		后退至托盘货物完全离开货架
	下降货叉		将托盘货物降至离地面10~20 cm
	行进		货叉在后，行进

操作	步骤	图例	说明
下架作业	将托盘货物放至指定地点		将托盘货物放至指定地点；落叉，抽叉
	设备归位		设备放至指定位置；确保货叉放至最低位置；按下开关、熄火；收回踏板
充电	打开蓄电池箱盖，拔出充电接插器		充电前打开蓄电池箱盖，保持充电过程中蓄电池良好的通风状态。将充电接插器从车上拔出
	连接充电器		将充电接插器插入固定充电器接插器内
	开始充电		固定充电器接插器的插头，插入电源插座进行充电
	充满后断开电源，断开充电器，充电接插器插回，闭上掀盖		充电结束后，关闭充电机的电源开关；断开充电机和蓄电池电缆连接插头；将充电接插器从车上插回；充电结束后，闭上掀盖式液孔塞的掀盖

03

Chapter

项目三

装卸搬运作业设备

知识目标

- 了解装卸搬运作业设备的分类
- 掌握装卸搬运作业设备的工作流程
- 掌握装卸搬运作业设备的操作注意事项
- 理解装卸搬运作业设备在整个物流系统中的作用

技能目标

- 能够正确选用不同工作场景下所需的装卸搬运作业设备
- 能够操作简单的装卸搬运作业设备
- 能够了解装卸搬运作业设备的工作性能并对其进行保养维护

素养目标

- 通过掌握自动化装卸搬运作业设备的操作方法，加深对物流行业科技应用的认识，提升职业认同感和自豪感
- 通过了解装卸搬运设备的迭代更新，理解科技创新对生产技术技能水平提升的重要作用
- 通过了解我国自主研发制造的各种先进的装卸搬运作业设备，增强学生的民族自信心

思维导图

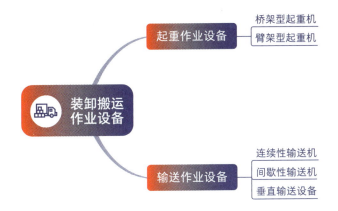

项目背景

安徽盛捷物流公司为适应社会发展的需要，改善以往劳动密集型的生产作业模式，拟重新建立一个装卸机械化、输送自动化的生产处理中心，购置生产设备需要花费近3亿元。但是在进行投资可行性分析讨论时，出现了两种不同的意见：一种意见是无须要花高价新建生产作业场地和新购置所谓的自动化和机械化生产设备，用一半的钱请工人就可以赶超设备生产速度；另一种意见是，必须投资，设备有人工无法替代的优越性，可以大大提高劳动生产率，降低生产成本，增强企业的市场竞争力。

任务一
起重作业设备

导入任务

安徽盛捷物流公司新建的生产处理中心在投入运行一段时间后，由于库房门前大型车辆往来较多，导致地面出现开裂、塌陷情况，门前作业场地变得拥挤狭窄，原先的起重设备受场地限制无法正常使用。在这种情况下，结合所学知识，试根据不同类型起重设备的应用范围，选择合适的替代设备。

任务知识

一、桥架型起重机

桥架型起重机是桥架在高架轨道上运行的一种起重机，桥架沿两侧轨道纵向运行，起重小车沿桥架上的轨道横向运行，构成一个矩形的工作范围，充分利用桥架下面的空间吊运物资，且不受地面设备的阻碍，桥架型起重机广泛地应用在室内外仓库厂房码头和露天塑料厂等地。主要类型包括：梁桥式起重机、门式起重机、通用桥式起重机和专用桥式起重机。

（一）梁桥式起重机

梁桥式起重机主要包括单梁桥式起重机和双梁桥式起重机。单梁桥架由单根主梁和位于跨度两边的端梁组成，双梁桥架由两根主梁和端梁组成。桥架按结构分为支撑式桥架和悬挂式桥架两种，前者的桥架沿测梁上的起重机轨道运行，后者的桥架按悬挂在厂房屋架下的起重机轨道运行。

1. 单梁桥式起重机

单梁桥式起重机由大梁、端梁、起重小车、驱动电气及电控设备构成。起重小车常为手拉葫芦、电动葫芦或用葫芦作为起升机构部件装配而成。其起重量为1~32 t，跨度可达7.5~22.5 m，工作级别为A3—A5。单梁桥式起重机如图3-1所示。

图3-1　单梁桥式起重机

2. 双梁桥式起重机

双梁桥式起重机由两根主梁和端梁组成。主梁与端梁刚性连接，端梁两端装有车轮，用以支撑桥架在高架上运行。主梁上设有轨道，供起重小车运行。桥架主梁的结构类型较多，比较典型的有箱形结构、四桁架结构和空腹桁架结构。双梁桥式起重机特别适合大悬挂和大起重量的平面范围物料输送。双梁桥式起重机如图3-2所示。

图3-2　双梁桥式起重机

（二）门式起重机

门式起重机是桥式起重机的一种变形，它的金属结构为门型框架，承载主梁下安装两个支脚，可以直接在地面的轨道上行走，主梁两端可以设置外伸悬臂梁。门式起重机具有场地利用率高、作业范围大、适应面广、通用性强等特点，在港口货场得到广泛使用。门式起重机如图3-3所示。

图3-3　门式起重机

（三）通用桥式起重机和专用桥式起重机

1. 通用桥式起重机

通用桥式起重机又称"天车"，主要采用电力驱动，一般在司机室内操纵，也有远距离控制的，其起重量可达500 t，跨度可达60 m。通用桥式起重机如图3-4所示。

2. 专用桥式起重机

专用桥式起重机在钢铁生产过程中可参与特定的工艺操作，其基本结构与通用桥式起重机相似，但在起重小车上还装有特殊的机构或装置。这种起重机的工作特点是在使用频繁、恶劣环境下工作，工作级别较高。专用桥式起重机主要有以下五种类型。

图3-4　通用桥式起重机

（1）铸造起重机。供吊运铁水注入混铁炉、炼钢炉，以及吊运钢水注入连续铸锭设备或钢锭模等使用。主小车吊运盛桶，副小车进行翻转盛桶等辅助工作。为了扩大副钩的使用范围和更好地为炼钢工艺服务，主、副钩分别设置在各自有独立小车运行机构的主、副小车上，并分别沿各自的轨道运行。铸造起重机如图3-5所示。

图3-5　铸造起重机

（2）夹钳起重机。可利用夹钳将高温钢锭垂直地吊运到深坑均热炉中，或把它取出放到运锭车上。夹钳起重机如图3-6所示。

（3）脱锭起重机。用于把钢锭从钢锭膜中强制脱出。小车上有专门的脱锭装置，脱锭方式根据锭膜的形状而定；有的脱锭起重机用顶杆压住钢锭，用大钳提起锭膜；有的用大钳压住锭膜，用小钳提起钢锭。

（4）加料起重机。用于将炉料加到平炉中。主小车的立柱下端装有挑杆，用

图3-6　夹钳起重机

以挑动料箱并将它送入炉内。主柱可绕垂直轴回转，挑杆可上下摆动和回转；副小车用于修炉等辅助作业。

（5）锻造起重机。用于与水压机配合锻造大型工件。主小车吊钩上悬挂特殊翻料器，用于支持和翻转工件；副小车用于抬起工件。

二、臂架型起重机

臂架型起重机由起升机构、变幅机构、旋转机构和运行机构组成。依靠这些机构的配合动作，可使重物在一定的圆柱形空间内起重和搬运。臂架型起重机多用于露天装卸及安装等工作，如悬臂起重机、塔式起重机、门座式起重机等。臂架型起重机也可装设在车辆上或其他形式的运输（移动）工具上，这样就构成了滚动式臂架起重机，如汽车起重机、轮胎起重机、随车起重机和履带起重机。

（一）悬臂起重机

悬臂起重机分为立柱式悬臂起重机、壁挂式悬臂起重机和平衡式悬臂起重机。悬臂起重机如图3-7所示。

图3-7　悬臂起重机

（二）塔式起重机

塔式起重机简称塔机，亦称塔吊，是指机身为塔形钢架，能沿轨道行驶并配有全围转臂的一种起重机。按照有无行走机构，塔式起重机可分为移动式塔式起重机和固定式塔式起重机。固定式塔式起重机如图3-8所示。

图3-8　固定式塔式起重机

（三）门座式起重机

门座式起重机是指通过两侧支腿支撑在地面轨道或地基上的臂架式起重机。门座式起重机沿地面轨道运行，下方可通过铁路车辆或其他行驶车辆。门座式起重机大多沿地面或建筑物上的起重机轨道运行，进行起重装卸作业。门座式起重机按用途可分为装卸用门座式起重机、造船用门座式起重机和建筑安装用门座式起重机。

AR三维交互模型：门座式起重机

（四）流动式起重机

流动式起重机是广泛应用于各个领域的一种起重设备，它在减轻劳动强度、节省人力、降低建设成本、提高施工质量和加快建设速度等方面起着十分重要的作用。流动式起重机分为轮胎式起重机和履带起重机两类，其中轮胎式起重机又分为汽车起重机、轮胎起重机和随车起重机。

1. 汽车起重机

通常把安装在通用载重汽车或专用载重汽车底盘上的起重机称为汽车起重机。汽车起重机的行驶操作在下车的驾驶室里完成，起重操作在上车的操纵室里完成。汽车起重机由于利用汽车底盘，所以具有汽车的行驶通过性能，机动灵活，行驶速度高，可快速转移，转移到作业场地后能迅速投入工作，特别适用于流动性大、不固定的作业场所。汽车起重机如图3-9所示。

图3-9　汽车起重机

2. 轮胎起重机

将起重作业部分安装在专门设计的自行轮盘底盘上所组成的起重机称为轮胎起重机。轮胎起重机下车没有驾驶室，行驶操作和起重操作均集中在上车操纵室内完成。轮胎起重机轮距较宽，稳定性好；轴距小，车身短，转弯半径小，适用于狭窄的作业场所。轮胎起重机可360°回转作业，在平坦坚实的地面可不用支腿吊重以及吊重行驶。轮胎起重机的行驶速度较慢，机动性不如汽车起重机，但与履带起重机相比，又具有便于转移和在城市道路上通过的性能。轮胎起重机如图3-10所示。

3. 随车起重机

随车起重机是指将起重作业部分装在载重货车上的一种起重机。随车起重机的行驶操作在下车的驾驶室里完成，起重操作则站在地面上完成。随车起重机的优点是既可起重，又可载货，货物可实现自动装卸。其缺点是起重量小，起升高度

图 3-10　轮胎起重机

低，作业幅度小，不能满足大型吊重安装作业的要求。但因其具有既可起重、又可载货的优点，随车起重机在起重运输行业也占据了一定的市场。

4. 履带起重机

把起重作业部分装在履带底盘上，行走依靠履带装置的起重机称为履带起重机。履带起重机下车没有驾驶室，行驶操作和起重操作集中在上车操纵室内完成。和轮胎式起重机相比，履带起重机具有接地压力小，转弯半径小、吊重作业无须打支腿、可带载行驶、起重性能好等优点。借助附加装置，还可进行桩工、土石方作业，实现一机多用，而且价格低。短距离转场时可自己行走，到达场地后由于无须打支腿，因此可马上投入工作。履带起重机的缺点是不能在公路上行驶。必须拆卸运输，到达工作地点后再组装，费时费力。履带起重机如图 3-11 所示。

图 3-11　履带起重机

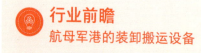

行业前瞻
航母军港的装卸搬运设备

保障航母的军港，就是一座现代化的超大物流中心，它涉及物资采购、装备管理、交通运输、油料接收、储存和配给，有害材料管理和日常生活服务等诸多保障环节，任何一个环节都不能出现差错。

我国首艘航母"辽宁舰"自2013年2月27日停靠青岛某军港，军港码头上修建了铁轨，安装了大型塔吊，新建了大型万伏高压变电站、能量站、大型储油设施。正是通过这些设施，补给的物资和能源才能源源不断地被输送到"辽宁舰"上。

在航母码头上，大型塔吊高高矗立，它可以在贯穿码头首尾的铁轨上方便快捷地移动，迅速为航母吊运补充物资。码头上外形独特的车辆，都是为航母保障专门设计的。一款起重机虽然重量不大，却可以将上百吨的货物托举到十几米高的航母甲板上。履带输送机是专门为航母进行干货补给的。输油车的手臂可以折叠伸展，把油料精准输送到航母舰体内。为了防止补给油、水时出现错乱，码头上的泵口都被涂成醒目的不同颜色，以示区分。在这些泵口下，埋藏的管线长度就达数百千米。它们如"血管"般，把整座航母军港有机地连在一起，为航母提供不竭的"生命之源"。

任务二
输送作业设备

导入任务

安徽盛捷物流公司新建的生产处理中心每天装卸搬运、出入库的货物总量较多且种类繁多，包括矿石、粮食、钢材、食品、医药等。为提高作业效率，该生产处理中心引进了多部先进的输送作业设备。根据实际情况，结合所学知识，能够对不同货物选择相应合适的输送作业设备，并了解相应设备的使用方法和日常的维护保养。

任务知识

一、连续性输送机

连续性输送机是指以连续、均匀、稳定的输送方式，沿着一定的路线来装卸和搬运散料或成件货物的一种生产率较高的装卸搬运设备，广泛应用于工厂企业的流水生产线、物料输送线和流通中心、配送中心等物料的快速分拣和拣选。

（一）带式输送机

带式输送机是最典型的一种连续输送机，其生产率最高、输送距离最长、工作平稳可靠、能耗低、自重轻、噪声小、操作管理简便，是最适合在水平或接近水平的倾斜方向上连续输送散货和小型件货的输送机，在港口、车站、货场、库房的应用范围较广，特别适合煤炭、矿石、散货的输送。

按照其结构形式和输送带，带式输送机可分为通用带式输送机、移动带式输送机、钢绳芯带式输送机、大倾角波状挡边带式输送机、管状带式输送机和气垫带式输送机等。

1. 通用带式输送机

通用带式输送机的主要特点是机身可以很方便地伸缩，设有储带仓，机尾可随工作面的推进伸长或缩短，结构紧凑，可直接在巷道底板上铺设，机架轻巧，拆装十分方便。通用带式输送机广泛地应用于冶金、煤炭、交通、水电、化工等部门。通用带式输送机如图3-12所示。

2. 移动带式输送机

移动带式输送机是粮食进出仓作业的主要设备。它用来输送散粮和包粮，完成散粮进、出仓作业，散粮、包粮的装卸作业以及包粮的码垛作业。该机可以前后伸缩，伸出距离达9 m，总长度可达22 m。

图3-12　通用带式输送机　　　　　　AR三维交互模型：移动带式输送机

3. 钢绳芯带式输送机

钢绳芯带式输送机是一种新型的高强度连续运输设备。它具有运输能力大、运输距离长、运行可靠、操作简单、可组成连续运输或半连续运输、易于实现自动化和经济效益显著等特点，因而得到了广泛的应用和发展。钢绳芯带式输送机如图3-13所示。

4. 大倾角波状挡边带式输送机

大倾角波状挡边带式输送机采用具有波状挡边和横隔板的输送带，特别适用于大倾角连续输送散状物料，可广泛应用于煤炭、化工、电力、建材、冶金、粮食、港口、船舶等行业。其具有输送倾角大且可以根据需要调节、总体投资费用低等特点。在垂直布置时，一般为全封闭设置，密封好、灰尘少、环保效果显著。大倾角波状挡边带式输送机如图3-14所示。

图 3-13　钢绳芯带式输送机　　　　　图 3-14　大倾角波状挡边带式输送机

5. 管状带式输送机

管状带式输送机是在槽型带式输送机的基础上发展起来的一类特种带式输送机，可实现封闭运输，有效避免漏料、散料、扬尘、杂物混入、雨雪侵入等现象。具有密封性好，环境污染低，输送倾角大，适用于复杂地形，易于实现平面转弯和空间转弯，占地面积小，实现双向输送物料等特点。管状带式输送机如图 3-15 所示。

6. 气垫带式输送机

气垫带式输送机是通用系列产品，可广泛用于煤炭、电力、冶金、化工、机械、粮食、轻工、港口和建材等行业。与通用带式输送机相比，气垫带式输送机的主要特点有：运行平稳，工作可靠，输送量大，不撒料，输送倾角大，设备投资少，维修费用低，便于密闭输送，避免粉尘飞扬。气垫带式输送机如图 3-16 所示。

图 3-15　管状带式输送机　　　　　　图 3-16　气垫带式输送机

（二）链式输送机

链式输送机是连续输送设备的一种主要形式。用绕过若干链轮的无端链条作为牵引构件，由驱动链轮通过齿轮与链节的啮合将圆周牵引力传递给链条，在链条上或连接一定的工作构件上输送货物。

链式输送机广泛用于食品、罐头、药品、饮料、化妆品和洗涤用品、纸制品、调味品、乳业等的自动输送、分配和包装的连续输送。链式输送机的类型很多，常见的主要有链板输送机、悬挂链输送机、网带输送机和插件线输送机。

1. 链板输送机

链板输送机的链板材质主要有碳钢、不锈钢、热塑链等。根据产品的需要可选取不同宽度、不同形状的链板，以满足平面输送、平面转弯、提升、下降等要求。可以满足饮料贴标、灌装、清洗等设备的输送要求。链板输送机如图3-17所示。

2. 悬挂链输送机

悬挂链输送机是一种三维空间闭环连续输送系统，适用于车间内部和车间与车间之间成件物品的自动化输送。悬挂链采用滚珠轴承作为链条走轮，通过选择吊具类型，可增加链条的单点承重力。该输送线能随意转弯、爬升，能适应各种地理环境条件。主要用在车间内的物料空中配送上，设计合理的方案，能将仓库、装配线等相关节点有机地结合起来，可在最大程度上理顺车间的物流，产生更大的效益。悬挂链输送机如图3-18所示。

图3-17　链板输送机

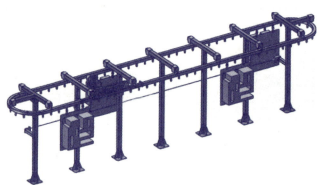

图3-18　悬挂链输送机

3. 网带输送机

网带输送机将模块式网带用延伸在输送带整个宽度上的塑料铰接销，把注塑成型的网带组装成互锁单元。这种方法加大了输送带的强度，并可以组装成任何需要的宽度和长度。挡板和侧板也可以用铰接销互锁，成为输送带整体部件之一。输送带的材质包括：碳钢、不锈钢、热塑链，根据产品的需要可选取不同宽度、不同形状的链板来满足平面输送、平面转弯、提升、下降等要求。网带输送机如图3-19所示。

4. 插件线输送机

插件线输送机采用专用铝合金导轨，靠近操作面一侧的导轨固定，另一侧可调节移动，保证每次操作拾取元件距离最小，提高生产效率。该设备对于电子基板的流水作业非常适合。其导轨间距可调，各式基板悬空流动。带动基板引导的链条有不锈钢链条、碳钢链条、塑钢链条等。导轨及机架有铝型材、不锈钢、碳钢等多种材质可供选择。插件线输送机如图3-20所示。

图3-19　网带输送机

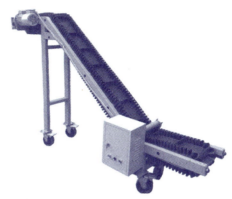

图3-20　插件线输送机

（三）螺旋输送机

　　螺旋输送机是指通过带有螺旋叶片的轴的转动，推动装入料槽的货物沿着螺旋轴线方向移动，完成货物的装卸搬运作业的一种连续输送机械，如图3-21所示。它属于不具挠性牵引机件的连续作业机械，主要用来输送散状物料。

图3-21　螺旋输送机

　　螺旋输送机可以水平或小倾角输送散料，也可以垂直输送；既可以固定安装，也可以制成移动型式。螺旋叶片是输送机的主要部件，物料凭借叶片的旋转而被推进。在推进过程中，物料被不断地搅拌，同时叶片也受到摩擦，所以功率消耗较大。

（四）气力输送机

　　气力输送又称气流输送，利用气流的能量，在密闭管道内沿气流方向输送颗粒状物料，是流态化技术的具体应用。气力输送机的结构简单，操作方便，可进行水平的、垂直的或倾斜方向的输送，在输送过程中还可同时进行物料的加热、冷却、干燥和气流分级等物理操作或某些化学操作。与机械输送相比，气能量消耗较大，颗粒易破损，设备也易受磨蚀。含水量多、有黏附性或在高速运动时易产生静电的物料，不宜进行气力输送。气力输送的主要特点是输送量大，输送距离长，输送速度较高；能在一处装料，然后在多处卸料。

气力输送机是用高于大气压力的压缩空气推动物料进行输送的，有吸送式气力输送机、压送式气力输送机和混合式气力输送机三种。其工作原理是利用气流的动能使散粒物料呈悬浮状态随气流沿管道输送。气力输送机如图3-22所示。

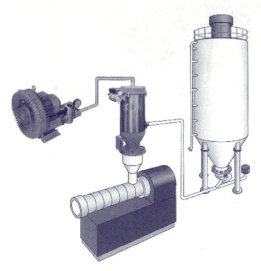

图3-22　气力输送机

二、间歇性输送机

间歇性输送机主要用于输送托盘、箱包件或者其他有固定尺寸的集装单元货物，是物流配送中心和仓库必不可少的重要输送设备，有水平输送和垂直输送之分。在仓库或物流中心采用间歇性输送机，货物的装载和卸载均可在输送过程不停顿的情况下进行；同时，由于输送机无须经常启动与制动，故可采用较高的输送速度；输送机的结构比较简单，动作单一，造价也较低；另外，还可按照货物的输送线路，选用多台输送机组成输送系统，实现物流自动化。其缺点是输送系统的占地面积较大，且不易变更货物的输送路线。

根据输送机有无动力源，间歇性输送机可分为重力式间歇性输送机和动力式间歇性输送机两大类。

1. 重力式间歇性输送机

重力式间歇性输送机，是指以输送物品本身的重量为动力，在倾斜的输送机上由上往下滑动。输送机倾斜的坡度为2%～5%，坡度的大小与滚动体转动的摩擦力、货物和滚动体的惯性及滑行速度的控制，特别是与货物的重量、包装材料和包装物底面的平整度有关。重力式间歇输送机的优点在于成本低，易于安装和扩充。重力式间歇性输送机如图3-23所示。

图3-23 重力式间歇性输送机

2. 动力式间歇性输送机

动力式间歇性输送机一般以电动机为动力，根据驱动介质的不同，可分为链条式输送机、辊子输送机和悬挂式输送机等，是物流自动化、机械化的重要组成部分。动力式间歇性输送机如图3-24所示。

图3-24 动力式间歇性输送机

三、垂直输送设备

为了有效地连接楼房仓库或高层建筑各层的运输系统，以及在不同的装卸作业面装卸货物的需要，除了一般电梯及货梯之外，往往采用各种垂直输送设备。垂直输送设备主要包括垂直提升机、板条式提升机和液压升降平台等。

1. 垂直提升机

垂直提升机也称为往复式提升机，由链条带动，通过变频调速控制电机，提升轿厢上下往复运动。提升轿厢上配有传动机构（一般为链式输送机或滚筒输送机），以便被输送物件自动进入升降机的提升轿厢。提升轿厢一股由链条、钢丝绳和液压缸驱动装置组成。运送对象是托盘货物、容器、件货或人。垂直提升机具有控制先进、性能可靠、提升轿厢、定位精度高等特点。垂直提升机如图3-25所示。

图3-25　垂直提升机

2. 板条式提升机

板条式提升机是指在多层仓库内作为件货和托盘货物垂直运输的起重设备，其特点是可同时负载多个货物单元，实现连续回转升降输送，也称为连续式升降输送机。它将若干根板条组成的载货台安装在4根无端链条上，由板条组成的载货台具有足够的柔性，在链条运行过程中可绕过链轮转向。板条式提升机如图3-26所示。

图3-26　板条式提升机

3. 液压升降平台

液压升降平台是一类相对简单且适应性很强的起重设备。与其他起重设备相比，液压升降平台速度低，能精确定位在各种高度，适用于不需要经常性提升货物的场所。按照功能分类，液压升降平台可分为起重平台及维修安装工作平台。最新的液压升降平台还装备了行走机构，可在轨道上行驶，在仓库中被广泛用于拣货设备。

液压升降平台主要由载货平台、剪式支臂、液压油缸和电动油泵等组成，其升降由油缸驱动剪式支臂完成，可在提升高度范围内的任意位置停止，将搬运人员、机械和货物一起运输。液压升降平台常用于楼层间的垂直运输、车辆的装卸、货物在巷道内的储存或拣货作业。液压升降平台如图3-27所示。

图3-27　液压升降平台

🔅 行业前瞻
让人类不再搬运

2020年初暴发的新型冠状病毒肺炎疫情致使很多企业放缓了现场调研、签单、现场部署的节奏，却加速了一些企业在内部物流环节"机器换人"的决策。它们来自医药、汽车、食品、服装、电商等行业。"选择物流机器人行业，是希望'让人类不再搬运'。我相信，未来全球智能物流机器人行业的4大家族中，一定有中国公司。"上海快仓智能科技有限公司（简称"快仓智能"）创始人兼首席执行官杨威对此非常自信。

《上海市促进在线新经济发展行动方案（2020-2022年）》提出，建设100家以上无人工厂、无人生产线、无人车间，加快高端装备、生物医药等行业智能化转型。杨威说："自己感觉快仓智能的舞台更大了。"目前，快仓智能在上述工业领域均有标杆客户。

"智能物流机器人对于制造业企业来说，并非疫情之下的短期需求，而在未来会成为企业的基础设施。"杨威告诉记者，它可以提高各种生产物料的周转效率，提高生产系统的整体工作效率；与人工相比，使用机器人及其系统能提高作业准确率，并能在危险严苛的环境中安全地完成任务，降低人工风险。

同步测试

一、单选题

1. 门式起重机属于（　　　）。
   - A. 轻小型起重机
   - B. 桥式架型起重机
   - C. 臂架型起重机
   - D. 堆垛型起重机

2. 臂架型起重机的起重量随工作幅度的增大而（　　　）。
   - A. 增大
   - B. 减小
   - C. 不变
   - D. 不确定

3. 门式起重机在跨度≤（　　　）时选用单梁。
   - A. 30
   - B. 35
   - C. 55
   - D. 60

4. 在汽车、电子、粮食、医药等行业已广泛应用（　　　），使上述行业的生产各环节可以达到同步进行。
   - A. 叉车
   - B. 吊车
   - C. 拖车
   - D. 链式输送机

5. 下列不属于装卸搬运设备应用特点的是（　　　）。
   - A. 适应性强
   - B. 单位成本高
   - C. 设备能力强
   - D. 机动性较差

二、多选题

1. 电动单梁桥式起重机的组成部分包括（　　　　　）。
   - A. 大车运行机构
   - B. 电动葫芦
   - C. 桥架
   - D. 电气设备

2. 悬臂起重机包括（　　　　）。
   - A. 立柱式悬臂起重机
   - B. 壁挂式悬臂起重机
   - C. 平衡起重机
   - D. 门式起重机

3. 门式起重机一般分为（　　　　）。
   - A. 升降型起重机
   - B、桥架型起重机
   - C. 臂架型起重机
   - D. 堆垛型起重机

4. 轮胎式起重机包括（　　　　）。
   - A. 汽车起重机
   - B. 履带起重机
   - C. 随车起重机
   - D. 轮胎起重机

5. 连续输送机械的特点有（　　　　）。
   - A. 输送能力强
   - B. 输送距离长
   - C. 通用性较差
   - D. 具有储存性

三、判断题

1. 港口货场应用较多的起重机是门式起重机。（　　　）

2. "天车"又称通用桥式起重机。（　　　）

3. 流动式起重机都可以自行在公路上行驶。（　　　）

4. 带式输送机的电控和安全装置需要每月检查一次。（　　　）

5. 气力输送机能在多处装料，然后在多处卸料。（　　　）

项目实训

运用物流设备完成托盘货物装卸搬运作业

实训目的：

掌握叉车的操作要求，并根据要求完成托盘货物的装卸搬运作业，在实训中锻炼团队协作能力。

实训组织：

小组形式。

实训内容：

（1）纸箱货物的码盘作业。

（2）运用叉车完成托盘货物的装卸车作业。

（3）运用叉车完成托盘货物搬运作业。

实训要求：

以小组为单位，小组成员分工，两人负责将纸箱货物合理码放到托盘上，一人操作叉车进行托盘货物的装卸车和搬运作业，一人负责安全指挥。严格按照叉车的操作流程，通过操作设备完成托盘货物的装卸车和搬运作业，注意考核学生设备操作的规范性和安全性。叉车配置如图3-28所示。

图3-28　叉车配置

项目四

配送作业设施设备

知识目标
- 了解配送中心的基本概念和规划建设方法
- 掌握配送中心相关设备分类和选用的基本原理
- 掌握配送中心设施设备的工作流程和操作注意事项
- 理解配送中心设施设备应用对于优化配送中心作业的意义

技能目标
- 能够根据需求科学选用配送中心设施设备
- 能够操作基本的配送中心作业设备并完成简单的工作任务
- 能够对配送中心设备进行科学保养维护

素养目标
- 通过掌握配送中心设施设备的操作，培养学生严谨、细致、规范的职业素养和团队合作精神
- 通过理解配送中心规划建设和设施设备的选用原则，意识到配送中心建设对区域经济发展的重要作用，进而激发职业使命感和民族自豪感
- 通过了解我国配送中心设施设备技术改革历程和先进水平状况，增强学生的民族自信心

思维导图

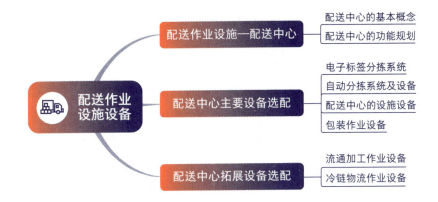

项目背景

上海昊乐国际贸易有限公司是一家专业从事原装进口葡萄酒、欧美食品的进出口贸易，并在中国境内进行销售的集团性公司。随着公司业务的不断发展，其销售辐射范围已从长三角地区发展至华中、华南以及西南地区。因此，需要新建配送中心，以满足贸易商品的运输、储存、配送需求。

任务一
配送作业设施——配送中心

导入任务

上海昊乐国际贸易有限公司（简称"昊乐公司"）位于中国（上海）自由贸易试验区，主要从事酒类商品进出口业务、国内销售、货运代理、仓储业务（除危险品）等。随着长三角一体化建设进程的不断扩展，昊乐公司计划在芜湖市新建一座配送中心，配送业务面向安徽省、江西省、河南省、湖北省。配送中心预计每月周转量5 000~10 000箱，目前主要采用公路运输方式，后期也将考虑江海联运方式，发挥芜湖作为沿江物流枢纽城市的优势。请同学们根据所学知识，对昊乐公司的配送中心进行选址规划。

一、配送中心的基本概念

（一）配送中心的定义

中华人民共和国国家标准《物流术语》（GB/T18354—2021）对配送中心（distribution center）下的定义是：具有完善的配送基础设施和信息网络，可便捷地连接对外交通运输网络，并向末端客户提供短距离、小批量、多批次配送服务的专业化配送场所。

在实际运营中，配送中心是以组织配送性销售或供应，执行实物配送为主要职能的流通型结点。在配送中心中，为了能做好送货的编组准备，需要采取零星集货、批量进货等种种资源搜集工作和对货物的分拣、配送等工作。因此，配送中心也具有集货中心、分货中心的职能。为了更有效地、更高水平地实现配送，配送中心往往还有比较强的流通加工能力。此外，配送中心还必须执行货物配送后送达客户的任务，这是和分货中心只管分货不管运达的重要不同之处。由此可见，如果说集货中心、分货中心、加工中心的职能还是较为单一的话，那么配送中心的功能则较为全面、完整，也可以说配送中心实际上是集货中心、分货中心、加工中心的综合体，并有了"配"与"送"的有机结合。

综上所述，配送中心是指从供应商手中接受多品种、大量货物，进行收货验货、储存保管、流通加工、信息处理等作业，并按照各客户的需求配齐货物，以客户满意的服务，迅速、及时、准确、安全、低成本地进行配送的物流组织。

（二）配送中心的类型

1. 按照隶属关系角度分类

（1）生产企业自办的配送中心。这类配送中心一般由规模较大的跨国公司出资兴建，其目的是为本公司生产的产品进行实体分配，早期发达国家的很多大型企业都建有配送中心。21世纪初，随着我国物流社会化改革的浪潮，很多国内大型生产企业纷纷成立自己的物流公司，建立配送中心。例如：海尔集团在全国各地建立了42个配送中心，这42个配送中心构成了海尔集团服务市场和客户需求的重要物流网络，完成零部件、产成品运输、仓储的全过程。

（2）商业企业自办配送中心。根据商业企业的特征，可以细分为批发商的配送中心和零售商的配送中心。这类物流配送中心有的从事原材料、燃料、辅助材料的流转，有的从事大型超市、连锁店的产品配送。一些大型零售企业均有自办的配送中心，这种配送中心的辐射半径约150～200 km。

（3）仓储、运输企业设立的配送中心。仓储企业可以成为配送中心，因为它本身就是物流的结点，拥有土地、库房、站点和装卸设备，功能的扩展使它演变成配送中心。运输企业设立物流配送中心，是因为它需要物流结点以整理、配载、换载货物，达到扩大功能、节约物流成本的目的。例如，中外运物流有限公司早期以运输服务为主，随着第三方物流行业的发展，陆续在全国建设多个配送中心，在汽车板块中利用配送中心进行整合打包，实现了将原材料从全国各地的供应商工厂运至客户的工厂生产线或原料仓库，大大提高了物流资源利用效率，降低了客户物流成本。

（4）社会化的配送中心。这种配送中心往往为中小工商企业服务或为物流公司服务，或由政府出资，或由众多企业集资建成。该类配送中心拥有公共使用的装卸货平台、设施、设备，拥有可以分割产权或分割成单元的库房。例如，上海宝山区钢铁配送中心有道路货物运输企业 3 095 户，拥有各类运输车 18 393 辆，总吨位 148 000 t。上海 6 000 多家钢铁服务企业中，有约 2 500 家聚集在宝山区，所以直接带动了物流产业的发展。

2. 按照作业特点分类

（1）流通型配送中心。这是一种基本上没有长期储存功能，仅以暂存或随进随出方式进行配货、送货的配送中心。这种物流配送中心的典型作业方式是，大量货物整合并按一定批量售出，采用大型分货机。进货时直接进入分货机传送带，分送到各用户货位或直接分送到配送汽车上，货物在配送中心里仅短暂停滞。

（2）加工配送型配送中心。加工配送型配送中心以加工产品为主，储存作业和加工作业居主导地位，一般都不单独设立拣选、配货等环节。此类配送中心作业对象多为单品种、大批量产品，加工好的产品可直接运到按用户户头划定的货位区内，并且进行包装、配货。我国上海市和其他城市已开展的配煤配送，配送点中进行了配煤加工，上海 6 家船厂联建的造船用钢板处理配送中心、原物资部北京剪板厂都属于这一类型的中心。

（3）批量转换型配送中心。一般情况下，批量转换型配送中心主要以随进随出方式进行分拣、配货和送货，产品以单一品种、大批量方式进货。在配送中心转换成小批量货物，商品在配送中心仅做短暂停滞。

3. 按照服务区域分类

（1）城市配送中心。城市配送中心是以城市区域为配送范围的物流配送中心。由于城市范围一般处于公路运输的经济里程内，这种配送中心可直接配送到最终用户，且常常采用汽车进行配送，所以这种配送中心往往和零售经营相结合。由于运距短、反应能力强，因而从事多品种、少批量、多用户的配送比较有优势。

（2）区域配送中心。区域配送中心是以较强的辐射能力和库存准备，在某个较大区域，例如全省、全国范围内用户配送的配送中心。这种配送中心规模较大，一般而言，用户也较大，配送批量也较大。此外，往往是配送给下一级的城市配送中心，也配送给营业网点、批发商和企业用户，虽然也从事零星的配送，但不是其主体形式。

（3）国际配送中心。国际配送中心也称为全球配送中心，是向国际用户提供配送服务的配送中心。国际配送中心在国际物流系统中处于非常重要的地位。国际配送中心是国际物流活动中进行商品、物资等集散的场所，就范围而言，可以大到某些国家和地区，小到港口码头、保税仓库、外贸仓库等。

4. 按照服务的适应性分类

（1）专业配送中心。专业配送中心对"专业"一词的界定，一是指配送对象，配送技术是属于某一专业范畴，在某一专业范畴有一定的综合性，综合这一专业的多种物资进行配送，例如汽车、家电、电子产品等制造业的销售配送中心。目前，我国在建的配送中心大多数采用这一形式；二是指以配送为专业化职能，基本不从事经营的服务型配送中心。

（2）柔性配送中心。柔性配送中心在某种程度上是和第一种专业配送中心相对立的配送中心，这种配送中心不向固定化、专业化方向发展，而向能随时变化、对用户要求有很强适应性、不固定供需关系、不断发展配送用户并改变配送用户的方向发展。

二、配送中心的功能规划

（一）配送中心的作业功能

配送中心与传统的仓库和运输企业是不一样的，一般的仓库只重视商品的储存保管，传统的运输企业只是提供商品的运输和配送服务，而配送中心则重视商品流通的全方位功能，同时具有仓储保管、分拣配送、流通加工及信息提供的功能。具体来说，配送中心具有以下几个作业功能：

1. 采购功能

配送中心必须首先采购所要供应配送的商品，才能及时准确无误地为其用户即生产企业或商业企业供应物资。配送中心应根据市场的供求变化情况，制定并及时调整统一的、全面的采购计划，并由专业人士与部门组织实施。

2. 存储保管功能

配送中心的服务对象是为数众多的生产企业和商业网点（比如连锁店和超级市场），配送中心需求按照用户的要求及时将各种配装好的货物送交到用户手中，满足生产和消费需求。为了顺利有序地完成向用户配送商品的任务，而且为了能够更好地发挥保障生产和消费需求的作用，配送中心通常要兴建现代化的仓库并配备一定数量的仓储设施设备，存储一定数量的商品。由于配送中心所拥有的存储货物的能力使得存储功能成为配送中心中仅次于组配功能和分送功能的一个重要功能之一。

3. 组配功能

由于每个用户企业对商品的品种、规格、型号、数量、质量、送达时间和地点等的要求不同，配送中心就必须按照用户的要求对商品进行分拣和配送。配送中心的这一功能是其与传统仓储企业的明显区别之一。这也是配送中心的最重要的特征之一，可以说，没有配送功能，就无所谓配送中心。

4. 分拣功能

作为物流节点的配送中心，在其为数众多的客户中，彼此差别很大。不仅各自的性质不同，而且经营规模也大相径庭。因此，在订货或进货时，不同的用户对于货物的种类、规格、数量会提出不同的要求。针对这种情况，为了有效地进行配送，即为了同时向不同的用户配送多种货物，配送中心必须采取适当的方式对组织好的货物进行拣选，并且在此基础上，按照配送计划分装和配装货物。这样，在商品流通实践中，配送中心又增加了分拣货物的功能，发挥分拣中心的作用。

5. 分装功能

从配送中心的角度来看，它往往希望采用大批量的进货来降低进货价格和进货费用；但是用户企业为了降低库存、加快资金周转、减少资金占用，则往往要采用小批量进货的方法。为了满足用户的需求，即用户的小批量、多批次进货，配送中心就必须进行分装。

6. 集散功能

货物由几个公司集中到配送中心，再进行发运，或向几个公司发运。凭借其特殊的地位以及拥有的各种先进的设施和设备，配送中心能够将分散在各个生产企业的产品集中到一起，然后经过分拣、配装，向多家用户发运。集散功能也可以将其他公司的货物放入该配送中心来处理、发运，以提高卡车的满载率，降低费用成本。

7. 流通加工功能

在配送过程中，为解决生产中大批量、少规格和消费中的小批量、多样化要求的矛盾，按照用户对货物的不同要求对商品进行分装、配装等加工活动。

8. 送货功能

将配好的货物按到达地点或到达路线进行送货。运输车辆可以租用社会运输车辆或自己的专业运输车队。

9. 信息汇总及传递功能

它为管理者提供更加准确、及时的配送信息，也是用户与配送中心联系的渠道。

10. 服务功能

以顾客需要为导向，为满足顾客需要而开展配送服务。此外，配送中心还有诸如加工功能、运输功能、信息功能、管理功能等功能。每个配送中心一般都具有这些功能，根据对其中某一功能的重视程度不同，决定着该配送中心的性质，而且它的选址、房室构造、规模和设施等也随之变化。

（二）配送中心的作业区域

为了与上述多项功能相适应，配送中心的作业区域结构一般配置如下工作区：

1. 接货区

接货区完成接货及入库前的工作，如接货、卸货、清点、检验、分类等各项准备工作。接货区的主要设施包括进货铁路或公路、装卸货站台、暂存区、验收检查区域。

2. 储存区

储存区储存或分类储存所进的物资，属于静态区域，进货在此要留有一定放置的时间。和不断进出的接货区相比，该区域所占面积较大，许多配送中心面积往往占总面积的一半左右。对某些特殊配送中心（如水泥、煤炭配送中心）而言，储存区面积甚至占总面积的一半以上。

3. 理货备货区

理货备货区进行分货、拣货、配货作业，目的是为送货做准备。该区域面积随配送中心不同而有较大变化，如对多用户、多品种、少批量、多批次配送（如中、小、件、杂货）的配送中心而言，分货、拣货、配货工作复杂，该区域所占面积很大；但是在另一些配送中心，该区域面积却又甚小。

4. 分放、配装区

在分放、配装区，按用户需要，将配好的货物暂放、暂存，等待外运，或根据每个用户货堆状况决定配车方式、配装方式，然后直接装车或运到发货站台装车。该区域的货物存放时间短，周转速度快，所占面积相对较小。

5. 外运发货区

在外运发货区将准备好的货装入外运车辆发出。该区的结构和接货区类似，有站台、外运线路等设施。有时，外运发货区和分放区、配装区联为一体，所分好之货直接通过传送装置进入装货场地。

6. 加工区

许多配送中心还设有加工区，在该区域内进行分装、包装、切裁、下料、混配等各种类型的流通加工。加工区在配送中心中所占面积较大，但设施装置随加工种类的不同而有所区别。

7. 管理指挥区域

管理指挥区域既可集中于配送中心某一位置，也可分散设置于其他区域中。其主要内涵是营业事务处理场所、内部指挥管理场所、信息场所等。

 德技并修
武汉疫情封城十天，京东做到了极致和唯一

2020年1月21日22点，京东物流接到一通来自湖北宜昌药厂的救援电话，药厂生产的800箱共16 000盒磷酸奥司他韦颗粒需要紧急送货，京东物流连夜紧急调配到两辆7.6 m物流车，将药品及时送达。

2020年1月24日，武汉疫情防控工作启动的第一时间，京东宣布向武汉市捐赠100万只医用口罩及6万件医疗物资，以缓解当地医疗物资短缺的局面。为此，京东紧急从全国各地调货，分批驰援武汉100万只医用口罩，从武汉"亚洲一号"仓库就近捐出的包括洗手液、消毒液、阿莫西林、奥司他韦等在内的6万件药品和医疗物资。

武汉封城伊始，京东根据需求紧急调度自营车辆，从武汉"亚洲一号"仓库装载米面粮油、水饮茗茶、日用百货等生活物资，助力武汉商超门店不断货。

京东方面称，保障供应是京东的责任和义务，京东已经全面动员，紧急联动大量合作伙伴，加大、加快相关商品的生产和流通，全力保障供应，与广大消费者共克时艰。京东坚决承诺维持各大商品价格稳定、坚决不涨价，力求保障武汉市民日常生活物资需求得到满足。

截至2020年1月31日，京东物流将包括口罩、医用手套、护目镜、消毒液等超过236万件医疗防疫物资直接送达医院。种种行为，都让人深切感受到了一个民族企业的担当与责任意识！

任务二
配送中心主要设备选配

导入任务

根据任务一的规划设计，上海昊乐国际贸易有限公司已经选址芜湖市南翔万商跨境电商综合服务区，新建配送中心1 000 m²，主要周转商品包括进口红酒、饮料、快消品等，这些商品需根据不同类型和不同标签进行分类和存放，需要选择相应的作业设备。

根据实际情况，结合所学知识，能够对不同商品选择相应合适的分拣和包装作业设备，并了解相应设备使用方法和日常的维护保养。

任务知识

一、电子标签分拣系统

（一）基本原理

电子标签分拣系统是通过一组安装在储备货架上的电子标签作为拣货指示装置，引导拣货人员正确、快速地完成拣货作业的一种人机交互系统，它属于半自动化的分拣系统。

电子标签分拣系统是一种计算机辅助的无纸化的分拣系统，主要由计算机系统、接线盒、控制器电子标签及显示装置等组成，计算机传递拣选指令到操作者面前的数字显示屏上，引导操作者完成规定的作业。其原理是在每一个货位安装数字显示器，利用计算机的控制系统将订单信息传输到数字显示器内，拣货人员根据数字显示器所显示的数字拣货，拣完货之后按确认钮即完成分拣工作。

电子标签分拣系统如图4-1所示，电子标签数字显示器如图4-2所示。

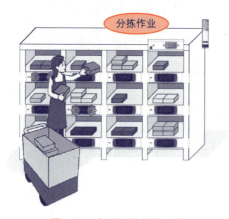

图4-1　电子标签分拣系统

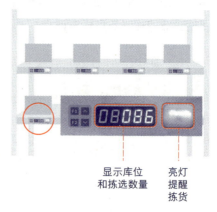

显示库位　　亮灯
和拣选数量　提醒
　　　　　　拣货

图4-2　电子标签数字显示器

（二）应用价值

与传统的人工分拣方式相比，电子标签分拣系统可以实现无纸化作业，无须打印出库单、拣货单等纸张单据，减少了出库前单据处理时间，节约纸张；大大提高了分拣速度和分拣准确率；提高了分拣效率，降低了分拣成本，降低了因发货不准确造成的退货、投诉和财产损失，提高了企业的信誉度；实时化对应作业，分拣结果立刻上传控制系统，做到账、物吻合。

（三）分类及应用

根据分拣模式的不同，电子标签分拣系统可分为两种基本类型，一种是摘果式电子标签分拣系统，简称为DPS（digital picking system）系统；另一种是播种式电子标签分拣系统，简称为 DAS（digital assorting system）系统。这两种系统针对不同的物流环境灵活应用。一般来说，DPS 适合多品种、短交货期、高准确率、大业务量的情况；而 DAS 较适合品种集中、多客户的情况。

1. 摘果式电子标签分拣系统

摘果式电子标签分拣系统，是指在拣货操作区的所有货架上，为每一种货物安装一个电子标签，计算机以订单为单位进行拣货信息处理，根据订单所需货物的位置发出拣货指示，并使货架上的电子标签指示灯亮起，拣货人员根据电子标签所显示的数量及时、准确地完成以件或箱为单位的商品拣货作业。摘果式电子标签分拣系统如图 4-3 所示。

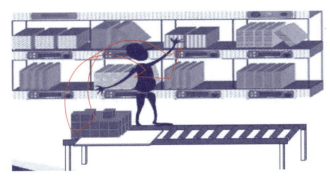

图 4-3　摘果式电子标签分拣系统

2. 播种式电子标签分拣系统

播种式电子标签分拣系统是指利用电子标签实现播种式拣货出库的一种分拣系统。在这种系统中，每一储位代表一个客户，在每一储位上都设置电子标签，拣货作业人员先通过条码扫描器把将要分拣的货物信息输入系统中，需要该货品的客户相应的分货位置所在的电子标签就会亮灯，并发出蜂鸣声，同时显示出该位置所需要货品的数量。拣货作业人员根据这些信息快速地将货物分放在相应的客户分货位置。播种式电子标签分拣系统如图 4-4 所示。

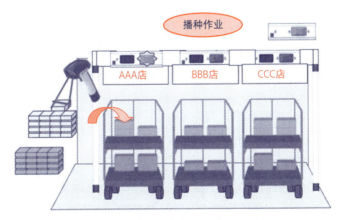

图 4-4　播种式电子标签分拣系统

二、自动分拣系统及设备

（一）基本原理

自动分拣是指从货物进入分拣系统，送到指定的分配位置为止，都是按照人的指令凭借自动分拣装置来完成的。自动分拣系统由一系列各种类型的输送机、各种附加设施和控制系统等组成，是先进配送中心所必需的设施条件之一，并且是提高物流配送效率的一项关键因素。

自动分拣系统一般由控制装置、分类装置、输送装置及分拣道口四部分组成，通过计算机网络连接在一起，配合人工控制及相应的人工处理环节构成一个完整的自动分拣系统。

（二）应用价值

1. 能连续、大批量地分拣货物

由于采用大批量生产中使用的流水线自动作业方式，自动分拣系统不受气候、时间、人的体力等的限制，可以连续运行。同时，由于自动分拣系统单位时间分拣件数多，因此自动分拣系统的分拣能力是连续运行100 h以上，每小时可分拣7 000件包装商品。如用人工作业方式，则每小时只能分拣150件左右，同时分拣人员也不能在这种劳动强度下连续工作8 h。

2. 分拣误差率较低

自动分拣系统的分拣误差率大小主要取决于所输入分拣信息的准确性大小，这又取决于分拣信息的输入机制。如果采用人工键盘或语音识别方式输入，则误差率在3%以上；如采用条形码扫描输入，除非条形码的印刷本身有差错，否则不会出错。因此，目前自动分拣系统主要采用条形码技术来识别货物。

3. 分拣作业基本实现无人化

自动分拣系统能最大限度地减少人员的使用，基本做到无人化。分拣作业本身并不需要使用人员，人员的使用仅局限于以下工作：送货车辆抵达自动分拣线的进货端时，由人工接货；由人工控制分拣系统的运行；分拣线末端由人工将分拣出来的货物进行集载、装车；自动分拣系统的经营、管理与维护。

（三）分类及应用

1. 钢带推出式分拣机

钢带推出式分拣机是指由整条钢带组成的输送机。按钢带的设置形式，可分为平钢带式和斜钢带式两种。

钢带推出式分拣机的适用范围较大，除了易碎、超薄货物及木箱外，最大分拣重量可达70 kg，最小分拣重量为1 kg，分拣能力可达5 000箱/h，甚至更高。其主要优点是强度高、耐用性好、可靠性程度高，但要设置较多的分拣滑道较困难，系统平面布局比较困难；另外，对货物冲击较大、运行费用较高。

AR三维交互模型：钢带推出式分拣机

2. 胶带浮出式分拣机

胶带浮出式分拣机的主体是分段的胶带输送机。在传送胶带的下面，设置有两排旋转的滚轮，每排由8~10个滚轮组成，滚轮的排数也可设计为单排，主要是根据被分拣货物的重量来决定单排还是双排。滚轮接收到分拣信号后立即跳起，使两排滚轮的表面高出主传送带10 mm，并根据信号要求向某侧倾斜，使原来保持直线运动的货物在一瞬间转向实现分拣。胶带浮出式分拣机如图4-5所示。

3. 翻板式分拣机

翻板式分拣机的传送部分由并列的窄状翻板组成，在分拣货物时，每一承载单元前后的翻板陆续倾翻，使长件货物能平稳地转向翻入分拣道口。这类分拣机的特点是能分拣长件货物，分拣传送线也能转弯和允许倾斜。传送线速度最大达150 m/min，最大分拣能力达12 000件/h，分拣货物重量最大75 kg，最小0.2 kg；包装尺寸最大750 mm×650 mm×500 mm，最小100 mm×50 mm×10 mm。翻板式分拣机如图4-6所示。

图4-5　胶带浮出式分拣机

图4-6　翻板式分拣机

4. 滑块式分拣机

滑块式分拣机的转动装置是一条板式输送机，在计算机控制下，自动识别、自动采集数据、操纵导向滑块，把货物推入分拣道口，也被称为"智能型输送机"。这类分拣机振动小，无损货物，适用于各种形状、体积和重量在1~90 kg的货物。分拣能力最高达12 000件/h，准确率99.9%，是当代最新型的高速分拣机。滑块式分拣机如图4-7所示。

5. 托盘式分拣机

托盘式分拣机是一种应用十分广泛的机型，它主要由托盘小车、驱动装置、牵引装置等组成。其中，托盘小车型式多种多样，有平托盘小车、U型托盘小车、交叉带式托盘小车等。托盘分拣机的适用范围比较广泛，它对货物形状没有严格限制，箱类、袋类、甚至超薄形的货物都能分拣，分拣能力达10 000件/h。托盘式分拣机如图4-8所示。

图4-7　滑块式分拣机

图4-8　托盘式分拣机

三、配送中心的设施设备

配送中心的设施是保证配送中心正常运作的必要条件，配送中心的设施决策是配送中心规划的重要工作。据有关资料显示，在制造企业的总成本中，用于物料搬运的费用占20%~50%，如果合理地进行设施规划，则可降低10%~30%的总成本。因此，合理规划配送中心设施，可有效地利用空间、设备、人员和能源，最大限度地减少物料搬运，简化作业流程，缩短生产周期，为员工提供方便、舒适、安全和卫生的工作环境。

一个完整的配送中心包含的设施很多，按功能和所在区域不同，可分为物流作业区域设施、辅助作业区域设施和库房建筑外围设施三类。

1. 物流作业区域设施

配送中心内的主要作业活动基本上均与仓储、搬运、拣取等作业有关，因此，在进行系统规划的过程中，物流设施的规划与设计等程序是规划过程的重心。当规划不同形式、不同功能的配送中心时，库房布置与各区域面积需求将会不同，因此，必须根据实际需求决定适合的设施。物流作业区域的设施主要有储存保管场所、收货场所、分货场所、流通加工场所和配送场所等。

2. 辅助作业区域设施

在配送中心的运营过程中，除了对主要的物流设备进行规划设计外，对其他各项配套设施，也需逐步进行分析规划及进一步的规格设计。虽然辅助作业区域设施的需求形式及功能与物流作业程序没有直接关联，但是，相关因素的决定仍需在物流作业区域规划完成后进行。通常，两个规划过程在规划阶段可并行操作，待物流作业区域设施规划完成后再就相关因素做适当调整。配送中心内主要的辅助作业区域设施包括办公场所、计算机控制场所和劳务设施等。

3. 库房建筑外围设施

为配合配送中心的运作与使用，在配送中心库房布置规划时，不仅要考虑库房建筑结构的主要形式，还需要考虑所需相关水电、动力、土木、空调与安全消防等库房建筑的外围设施等，因为部分与建筑有关的设施形式、垮距等因素均会影响后续规划。另外，由于部分设施在主要物流作业区域与辅助作业区域完成基本规划后才设置，因此，在系统设计阶段，仅就实际具有作业空间区域的设施进行初步规划，并预估各区域所需的作业面积。

四、包装作业设备

（一）基本原理

为了在产品流通的过程中有效地保护产品、方便储运、促进销售，需要对产品进行合理的包装。包装过程包括成型、充填、封口、裹包等主要包装工序，以及与其相关的前后工序，如清洗、干燥、杀菌、堆码及拆卸等，也包括打印、贴标、计量等辅助工序。完成这些工序所需要的设备即为包装作业设备。

包装作业设备的特点一般包括：结构复杂，动作精度高；可以设计成自动包装机，能连续自动包装；在标准卫生条件下工作，不能发生有任何污染产品的现象；通常采取无级变速装置以调节生产能力，实际工作中的包装设备以机械转动为主要形式。

（二）分类及应用

1. 固体填充设备

固体填充设备是指将精确数量的被包装物品装入各种容器的机器，按照计量方式不同，可分为容积式充填机、称重式充填机和计数式充填机。称重式充填机如图4-9所示。

图4-9　称重式充填机

2. 液体罐装设备

液体罐装设备是指将液体产品按规定的量填充到包装容器内的机器。按照罐装原理可分为重力灌装机、负压力灌装机、等压力罐装机、真空罐装机和机械压力法灌装机。负压力罐装机如图4-10所示。

3. 裹包设备

裹包是指用一层或多层柔性材料全部或局部裹包产品或包装件。裹包设备按照裹包方式可分为全裹式裹包机、半裹式裹包机、缠绕式裹包机、拉伸式裹包机、贴体裹包机和收缩裹包机。裹包机如图4-11所示。

图4-10　负压力灌装机

图4-11　裹包机

4. 封口设备

封口设备是指将容器的开口部分封闭起来的机器。其按照封口方式可分为无封口材料的封口机和有辅助封口材料的封口机。滑台式封口机如图4-12所示。

5. 贴标设备

贴标设备的作用是在产品或包装件上加贴标签，可分为半自动贴标机和全自动贴标机。贴标机如图4-13所示。

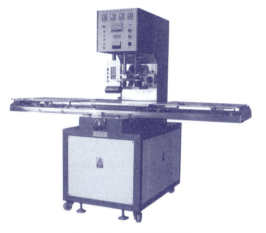

图4-12　滑台式封口机

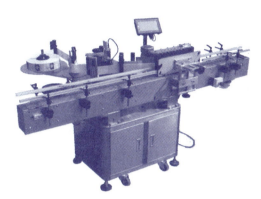

图4-13　贴标机

6. 清洗与干燥设备

清洗设备是清洗包装材料和包装件等，使其达到预期清洁程度的机器。它按照清洗方式可分为机械式清洗设备、电解式清洗设备、化学式清洗设备、干式清洗设备、湿式清洗设备、超声波式清洗设备和静电式清洗设备。干燥装备是减少包装材料、包装件的水分使其达到预期干燥程度的机器，按干燥方式可分为普通干燥机、加热式干燥机和化学式干燥机等。干燥机如图4-14所示。

7. 杀菌设备

杀菌设备用于清除或杀死包装材料、产品或包装件上的微生物，使其降到允许范围内。杀菌方法可分为热杀菌法和冷杀菌法。食品杀菌机如图4-15所示。

8. 捆扎设备

捆扎设备用于捆扎或结扎封闭容器。捆扎机如图4-16所示。

图4-14　干燥机

图4-15　食品杀菌机

图4-16　捆扎机

任务三
配送中心拓展设备选配

导入任务

上海昊乐国际贸易有限公司（简称"昊乐公司"）在芜湖已建成配送中心，内部周转商品包括进口葡萄酒、食品等。考虑到市场需求，昊乐公司计划在芜湖配送中心增加进口水果品种，这些商品在运输、存储过程中有保质、保鲜要求，需保证处于适宜的低温下。因此，昊乐公司在现有仓库中决定增开一个冷藏仓库。

根据实际情况，结合所学知识，能够对不同商品选择相应合适的流通加工和冷链物流作业设备，并了解相应设备使用方法和日常的维护保养方式。

任务知识

微课：
配送中心拓
展设备选配

一、流通加工作业设备

（一）基本概念

流通加工作业设备是指在流通加工活动中所使用的各种机械设备和工具，其加工对象是进入流通过程的商品，它通过改变或完善流通对象的原有形态来实现生产与消费的"桥梁和纽带"的作用。流通加工是相对于生产加工而言的，它所使用的设备与一般的生产加工设备不同，流通加工设备所进行的一般是简单加工，是对生产加工的辅助和补充。

（二）应用价值

1. 提高原材料利用率

通过流通加工进行集中下料，将生产厂商直接运来的简单规格产品，按照用户的要求进行下料。例如，将钢板进行剪板、切裁；木材加工成各种长度及大小的板、方等。集中下料可以优材优用、合理套裁，明显地提高原材料的利用率，有良好的技术经济效果。

2. 进行初级加工，方便用户

用量小或满足临时需要的用户，不具备进行高效率初级加工的能力，通过流通加工可以使用户节约进行初级加工的投资、设备、人力，方便了用户。目前发展较快的初级加工有：将水泥加工成生混凝土，将原木或板、方材加工成门窗、钢板，预处理、整形等加工。

3. 提高加工效率

由于建立了集中加工点，可以采用一些效率高、技术先进、加工量大的专业机具和设备。一方面，提高了加工效率和加工质量；另一方面，还提高了设备利用率。最终实现降低加工费用及原材料成本的目的。

4. 改变功能，提高收益

在物流领域中，流通加工可以成为高附加值的活动，这种高附加值的形式主要着眼于满足用户的需要，提高服务功能，是贯彻物流战略思想的表现，是一种低投入、高产出的加工形式。例如，内地的许多制成品，如洋娃娃玩具、时装—轻工纺织产品、工艺美术品等，在深圳进行简单的包装加工，就可以大大改变产品外观功能，仅此一项就可使产品售价提高20%以上。

（三）分类及应用

1. 剪板机

剪板机是各种板材流通加工中应用广泛的一种剪切设备，可用于板料或卷料的剪裁。剪板机的工作过程主要是板料在剪板机的上、下刀刃作用下，受力分离变形。一般剪切时，下剪刀固定不动，上剪刀向下运动。剪板机如图4-17所示。

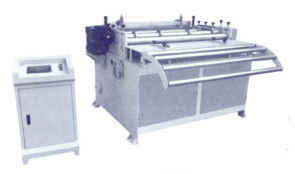

图4-17　剪板机

2. 切割机

在现代物流领域中，切割设备是常用的流通加工设备之一。为了进一步完善产品的使用价值，提高产品的经济价值，切割工作量所占的比重越来越大，切割的效率和质量将直接影响物流系统的效率和经济性。

切割设备种类繁多，分类方法也不一。比较常用的是按切割的材质和切割方式进行分类。按切割的材质不同，分为金属切割机和非金属切割机；按切割方式的不同，可分为等离子切割机、火焰切割机、激光切割机、电火花线切割机和高压水切割机等。金属圆锯切割机如图4-18所示，火焰切割机如图4-19所示。

图4-18　金属圆锯切割机

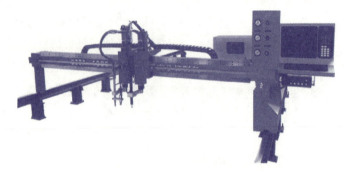
图4-19　火焰切割机

二、冷链物流作业设备

（一）基本概念

冷链物流泛指温度敏感性产品，在生产、储藏运输、销售到消费者的各个环节中，始终处于规定的低温环境下，以保证物品质量，减少物流损耗的一项系统工程。

目前，冷链物流作业设备所适用商品的范围包括：（1）初级农产品：蔬菜、水果；肉、禽、蛋；水产品；花卉产品。（2）加工食品：速冻食品；禽、肉、水产等包装熟食；冰激凌和奶制品；快餐原料。（3）特殊商品：药品。

（二）应用价值

1. 管理产地严格

对食品类产品的产地进行严格管理、追踪，对于特定的商品需要追溯原产地。

2. 对温度的控制严格

冷冻库对温度控制严格，冷冻库要求在$-30 \sim -10$ ℃，冷藏库要求在$-5 \sim 5$ ℃。在整个冷冻库管理的过程中需要严格控制温度的变化。现在很多企业已经开始使用带有温度传感器的RFID进行全程温度控制。

3. 出入库作业要求高

由于冷冻库的特殊性质导致商品出入库要求较高，为保证冷冻库的温度，不建议多频次出货，出库时间一般固定在一个时间段内；对业务频繁的冷冻库定期需要封库，以保证库房的温度；对特殊要求商品进行速冻或解冻处理，才可以进行出入库作业。

（三）分类及应用

1. 冷库

冷库一般是指利用各种设备制冷，并能人为控制和保持稳定低温的设施，它的基本组成部分是制冷系统，有一定隔热性能的库房和附属建筑物等。制冷系统主要包括各种制冷设备，它是冷库的心脏，通过其制造制冷量来保证库房内的冷源供应；电源控制是冷库的大脑，它指挥制冷系统保持能量供应；具有一定隔热性能的库房是储藏保鲜物品的场所，它的作用是保持稳定的低温环境。冷库如图4-20所示。

图4-20　冷库

库房良好的隔热保温结构，可以最大限度地减少制冷设备制造的冷量向库外泄漏，反过来说就是尽量减少库外热量向库内泄漏，这也是冷库与一般房屋的主要不同之处。

2. 冷藏车

冷藏车是指在有保温层的封闭式车厢内装有强制冷却装置（即制冷剂）的汽车。冷藏车能在长时间运输中使车厢内货物保持一定温度，适用于能够抗低温货物的长途运输。冷藏车如图4-21所示。

图4-21　冷藏车

冷藏车性能标准的主要参数有：车厢的主要技术指标、制冷机的主要性能参数和综合性能指标。

3. 冷藏箱

冷藏箱是一种应用广泛的冷链设备，可以在宾馆、医院、汽车、船舶、家庭卧室、客厅等环境中灵活使用。物流中常用的冷藏箱包括手提冷藏箱、背带冷藏箱和柜式冷藏箱3种类型。各种冷藏箱如图4-22所示。

图4-22 各种冷藏箱

同步测试

一、单选题

1. 没有长期储存功能，仅以暂存或随进随出方式进行配货、送货的配送中心称为（   ）。

    A. 流通型配送中心   B. 加工配送型配送中心

    C. 批量转换型配送中心   D. 城市配送中心

2. 配送中心物流作业区域不包括（   ）。

    A. 储存保管场所   B. 分货场所

    C. 辅助作业区   D. 收货场所

3. 布置灵活、能从多处送货的分拣机是（   ）。

    A. 钢带推出式分拣机   B. 翻板式分拣机

    C. 胶带浮出式分拣机   D. 翻盘式分拣机

4. 以下不属于包装设备应用价值的是（   ）。

    A. 提高生产效率   B. 保证包装质量

    C. 保证产品卫生   D. 提升产品性能

5. 冷冻库一般低温可达到（   ）。

    A. −30 ℃   B. 0 ℃

    C. −10 ℃   D. −100 ℃

二、多选题

1. 影响配送中心总体布局的因素有（   ）。

    A. 周围环境   B. 存货特点

    C. 仓库类型   D. 作业流程和手段

2. 按照切割材质的不同，切割机可分为（   ）。

A. 金属切割机   B. 非金属切割机

C. 火焰切割机   D. 等离子切割机

3. 裹包设备按裹包方式可分为（   ）。

A. 全裹式裹包机   B. 缠绕式裹包机

C. 拉伸式裹包机   D. 贴体包装机

4. 电子标签分拣系统是一种计算机辅助的无纸化的分拣系统，主要组成部分包括（   ）。

A. 计算机系统   B. 接线盒

C. 控制器电子标签   D. 显示装置

5. 自动分拣系统一般由（   ）组成。

A. 控制装置   B. 分类装置

C. 输送装置   D. 分拣道口

三、判断题

1. 社会化配送中心往往为多家中小工商企业服务或为物流公司服务。（   ）

2. 货物由几个公司集中到配送中心，再进行发运；或向几个公司发运，这体现了配送中心的送货功能。（   ）

3. 播种式电子标签分拣系统较适合品种集中、多客户的情况。（   ）

4. 自动分拣系统的分拣能力可以达到连续运行100 h以上。（   ）

5. 冷库中自动化设备利用率较高。（   ）

项目实训

配送中心拣选作业

实训目的：

掌握电子标签拣选的操作要求，并根据要求完成零散货物的拣选出库作业，学生在实训中锻炼团队协作能力。

实训组织：

小组形式。

实训内容：

（1）学生在仓储管理信息系统中录入客户订单。

（2）学生完成订单系统的拣选作业。

（3）学生完成手持操作下货物拣选作业。

实训要求：

以小组为单位，小组成员分工，两人负责将纸箱货物合理码放到托盘上，一人操作叉车进行托盘货物的装卸和搬运作业，一人负责安全指挥。严格按照叉车的操作流程，通过操作设备完成托盘货物的装卸和搬运作业，注意考核学生设备操作的规范性和安全性。

操作流程：

1. 在计算机系统内生成客户订单

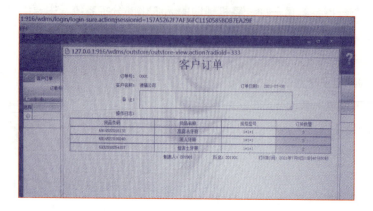

2. 完成订单系统拣选

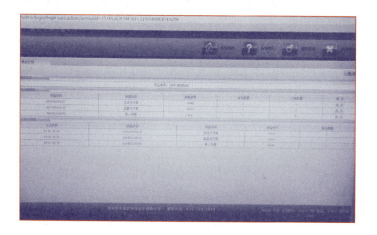

3. 添加周转箱——保存——发送到手持终端

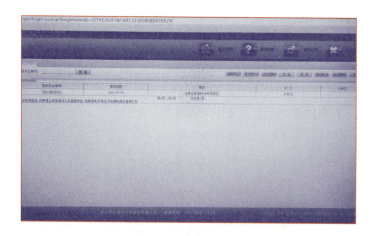

4. 登录手持终端，点击电子标签周转箱扫描

5. 扫描周转箱标签并点击确认

6. 上述操作完成后相应电子标签库位的显示灯将亮起，并显示所需拣选货物数量

7. 将所需商品从相应库位中拣出并按下亮起的按钮将其关闭，拣选作业结束

05

Chapter

项目五

运输作业设施设备

知识目标

- 了解主要运输设施的主要组成部分
- 掌握主要运输设备的类型和功能
- 掌握不同运输设备安排运力的策略
- 理解我国主要运输方式路线设施的发展

技能目标

- 能够根据货物的不同合理安排运输设备的能力
- 能够根据不同运输设备的装载限制合理安排货物的能力
- 能够根据需求完成运输方案的设计与实施

素养目标

- 通过理解交通运输的纽带作用，提升学生的职业认同感和自豪感
- 通过理解提升运输服务质量的重要性，激发学生的改革创新意识和团队合作的能力

思维导图

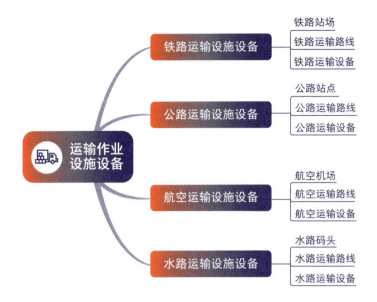

项目背景

广州M集团是一家专注于跨境电子商务的集团公司。主力运营综合类商城网站，致力于跨境自营平台产品销售，为国内开发商开拓海外市场，以客户需求为主导，自主研发产品，提供个性化购物体验。截至目前，M集团已成为华南地区大型的跨境电子商务综合体，总部位于广州，在中国香港、深圳、东莞、肇庆、长沙、杭州、宁波、赣州等地均设有子公司，在义乌、杭州、深圳等多地设立仓库。随着公司业务的不断发展，其业务平均涵盖30多个种类，总覆盖20多万种商品，产品销往世界各地。

任务一
铁路运输设施设备

导入任务

广州M集团是一家总部设在广州，专注于跨境电子商务的集团公司。因国外服装销售量比例大增，M集团决定自主研发生产服饰，拟在原有服装仓库的基础上，增加一条服装加工生产线，作为A网站的自主研发产品进行售卖。根据公司整体战略的布局，将仓库搬到了距离广州南站较近的会江地铁站附近。请同学们根据所学知识，谈谈仓库为什么要迁移到广州南站附近？并分组讨论铁路运输的优势和劣势，以小组为单位进行汇报。

任务知识

微课：
铁路运输设
施设备

一、铁路站场

铁路站场是指以车站为中心，线路的上行线和下行线两侧都设有进站信号机和出站信号机，站场以两侧进站信号机为界，里面都属于站场。到发场、旅客候车厅、调车场、咽喉区、维修区、检修区等，牵出线、机车走行线等都设置在站场内。既是铁路部门办理客、货运输的基地，又是铁路系统的一个基层生产单位。

铁路站场按技术作业可分为中间站、区段站、编组站，按运输对象可分为客运站、货运站、客货运站。

（一）中间站

一条铁路通常分为若干个区段，在区段间的分界点上设置的车站称为中间站。设置中间站的目的是提高铁路区段的通行能力。中间站的主要作业有以下几个方面：

（1）列车的接发、通过、会让和越行。

（2）旅客的乘降和行李、包裹的收发与保管。

（3）货物的承运、交付、装卸和保管。

（4）本站作业车辆的摘挂作业和向货场甩挂车辆的调车作业。

（5）客运量较大的中间站，还有始发和终到的客货列车的作业。

（二）区间站

区间站一般都靠近中等规模以上的城市，设置在铁路网机车牵引区分段的分界点处。区间站的主要任务是办理通过列车的技术作业（机车的更换、整备和修理等）、编组区段列车和摘挂列车等。在区间站的主要作业有以下几个方面：

（1）旅客运转业务。旅客运转业务包括旅客的乘降和行李、包裹、邮件的收发与保管等。乘客数量较多的区间站还办理旅客列车的始发和终到作业。

（2）货物运转业务。货物运转业务包括货物列车的接发、整车货物和零担货物的承运、交付、装卸和保管，区段和零担列车的编组作业，货场及专用线取送作业等。

（3）机车业务。机车业务包括更换客货列车的机车和乘务组，机车的整备、检查和修理等。

（4）车辆业务。车辆业务包括更换客货车辆，车辆的检查和修理等。

（三）编组站

编组站是铁路网上办理大量货物列车的解体和编组作业的专业技术站。编组站一般不办理客货运业务。编组站的主要任务是解体和编组各类货物列车，组织和取送本地区车流；供应列车动力，整备检修机车，货车的日常技术保养。

（四）客运站

客运站根据客流量的大小和性质、铁路枢纽总布置、地形条件、城市规模和车站附近的布局等，可以布置为尽头式客运站、通过式客运站和混合式客运站三种。主要业务包括旅客列车接发、机车摘挂、列车技术检查、车底取送、个别客车甩挂以及餐车整备等货物列车的到发和通过。

（五）货运站

货运站是专门办理货物装卸和货物联运或换装作业的站场，大多设在大城市或工业区。它主要办理货物的接收、交付、装卸、保管、换装和联运等作业。按照工作性质，货运站可分为装车站、卸车站和装卸站；按照办理货物的种类，货运站可分为综合性货运站和专业性货运站；按照服务对象，货运站可分为公共货运站、换装站、工业站和港湾站。

二、铁路运输路线

（一）铁路运输路线的等级

铁路运输路线的等级是铁路的基本标准，在设计时分为远、近两期，远期为交付营运后第十年，近期为交付营运后第五年。依据铁路在路网中的作用和性质及其所承担的远期年客货运量的大小，将普通铁路划分为Ⅰ、Ⅱ、Ⅲ 3个等级，如表5-1所示。

表5-1　铁路运输路线等级和主要技术参数

等级	运期年客货运量/GN	最高运行速度/ km·h⁻¹	限制坡度/‰			最小曲线半径/ m	
			平原	山区	一般地区	一般地区	苦难地区
Ⅰ	150	80~140	4~6	9~12	12~15	500~1600	450~1200
Ⅱ	<150或≥75	80~120	6	12~15	15~25	450~1000	450~800
Ⅲ	<75	80~100	6	12~18	18~25	400~600	350~500

通常，一条铁路线路应选定一个统一的等级。但对于长距离的铁路线路，当有些区段的货运量或工程难易程度有较大差别时，可以对这些区段选用不同的等级。

（二）铁路运输路线的构成

1. 路基

路基是铁路线路承受轨道和列车载荷的基础结构，按地形条件和线路平面、纵断面设计的要求，路基横断面可以修成路堤、路堑和半路堑三种基本形式。

2. 桥隧建筑物

（1）桥梁。铁路通过江河、溪沟、谷地时需要修筑桥梁，桥梁主要由桥面、桥跨结构和墩台组成。铁路桥梁按照桥跨所用的材料，可以分为钢桥、钢筋混凝土桥等；按照桥梁的长度（L），可以分为小桥（L<20 m）、中桥（20 m≤L<100 m）、大桥（100 m≤L<500 m）和特大桥（L≥500 m）；按照桥梁的用途，又可分为铁路专用桥和铁路、公路两用桥。

（2）涵洞。涵洞是指设置在路堤下部的填土中，用以通过少量水流的一种构造物。

（3）隧道。隧道是线路穿山越岭的主要方式之一，还有穿越江河湖海与地面障碍的功能，如越江隧道、地铁隧道等。

3. 轨道

轨道起着引导车辆行驶方向，承担由车轮施加的压力，并把它们扩散到路基的作用。轨道由钢轨、轨枕、连接零件、防爬设备、道床和道岔等部分组成。

（1）钢轨。采用稳定性良好的"工"形断面宽底式钢轨，它必须具有足够的刚度、韧性和硬度。由于轨距不同，列车在不同轨距交接的地方必须进行换装或换轮。欧、亚大陆铁路轨距按其大小不同，可分为宽轨、标准轨和窄轨3种。标准轨的轨距为1 435 mm；大于标准轨的为宽轨，其轨距大多为1 524 mm和1 520 mm；小于标准轨的为窄轨，其轨距多为762 mm和1 000 mm。我国铁路基本上采用标准轨距。

（2）轨枕。轨枕位于钢轨和道床之间，是钢轨的支座，承受由钢轨施加的压力并将其扩散至道床，同时还起到保持钢轨位置和轨距的作用。轨枕的长度一般为2.5 m，每km铺设的数量随运量的增大而增多，每km一般为1 520～1 840机。

（3）连接零件。连接零件有接头连接零件和中间连接零件两种。接头连接零件用以连接钢轨，由鱼尾板（夹板）螺柱、螺帽和弹性垫圈等组成；中间连接零件用以连接钢轨和轨枕，分为钢筋混凝土用和木枕用两种。

（4）防爬设备。列车运行时会产生作用于钢轨上的纵向水平力，致使钢轨沿着轨枕甚至带动轨枕做纵向移动，使轨道出现爬行。为防爬，除了加强中间扣件的扣压力和接头夹板的夹紧力外，还设置了防爬器和防爬撑。

（5）道床。道床是铺设在路基顶面上的道砟层，其作用是把由轨枕带动的车辆载荷均匀地传递到路基上，防止轨道在列车作用下产生位移，缓和列车运行的冲击作用，同时还便于排水，以保持路基面和轨枕的干燥。道床一般采用碎石道砟，有坚硬、稳定性好和不易风化等优点。

（6）道岔。道岔是铁路线路和线路互相连接与交叉设备的总称，其作用是使列车由一条线路转向另一条线路。道岔可分为普通单开道岔，还有双开道岔、三开道岔、交分道岔等。

三、铁路运输设备

（一）铁路机车

机车是铁路运输的基本动力。由于铁路车辆大多不具有各动力装置，列车的运行和车辆在车站内有组织的移动均需机车牵引或推送。一般来说，列车的重量和速度取决于机车的功率和性能。机车的保有数量、牵引性能、保养和检修质量，以及正确组织对机车的运用，对铁路能否完成运输任务有很大的影响。机车按照牵引动力来分类，目前有蒸汽机车、内燃机车和电力机车。

1. 蒸汽机车

蒸汽机车是指通过蒸汽机把燃料的热能转换为机械功，用来牵引列车的一种机车。1952年12月，我国制造的首台蒸汽机车被称为"解放型"机车。在现代铁路运输中，蒸汽牵引已逐渐被其他新型牵引形式取代。蒸汽机车如图5-1所示。

图5-1　蒸汽机车

2. 内燃机车

内燃机车是以内燃机作为原动力的一种机车。内燃机车由动力装置（即柴油机）、传动装置、车体与车架、走行部、辅助设备、制动装置和车钩缓冲装置等主要部分组成。内燃机车的热效率可达30%左右，其独立性也最强，线路投资少，见效快，整备时间比蒸汽机车短，启动速度与加速快，运行线路长，通过能力大，单位功率重量轻，劳动条件好，可实现多机联挂牵引。内燃机车如图5-2所示。

图5-2　内燃机车

3. 电力机车

电力机车凭借其顶部升起的受电弓从接触网上取得电能，并转换成机械能牵引列车运行。电力机车由电气设备、车体与车架走行部、车钩缓冲装置和制动装置等主要部分组成。电力机车功率大，能量获取不受限制，因而能高速行驶；能牵引较重的列车，启动速度与加速快，爬坡性能强，容易实现多机牵引，更适用于坡度大，隧道多的山区铁路和繁忙干线。电力机车如图5-3所示。

图5-3　电力机车

（二）铁路车辆

货物运输是铁路运输的重要组成部分，铁路上用于运载货物的车辆统称为货车，货车的基本类型有敞车（C）、棚车（P）、平车（N）、冷藏车（B）和罐车（G）。在这些基本车型的基础上又发展出各种专用货车，如矿石车（K）、水泥车（U）、活鱼车（H）、特种车（T）、长大货物车（D）等称为专用货车。货车应具有坚固而稳定的结构，以保证列车安全而平稳地运行，并与机车速度相适应。

1. 平车（N）

平车主要用于运送钢材、木材、汽车、机械设备等体积或重量较大的货物，也可借助集装箱运送其他货物。装运活动墙板的平车可用来装运矿石、沙土、碎石等散粒货物。平车如图5-4所示。

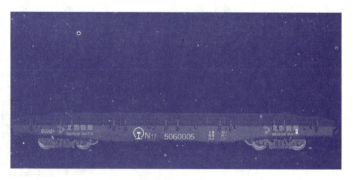

图5-4　平车

2. 罐车（G）

罐车是指车体呈罐形的车辆，用来装运各种液体、液化气体和粉末状货物等。按照用途可分为轻油类罐车、黏油类罐车、酸碱类罐车、液化气体类罐车和粉末状货物罐车；按照结构特点可分为有空气包罐车和无空气包罐车、有底架罐车和无底架罐车、上卸式罐车和下卸式罐车等。罐车如图5-5所示。

图5-5　罐车

3. 敞车（C）

敞车是指具有端壁、侧壁、地板而无车顶，向上敞开的货车，主要运送煤炭、矿石、矿建物资、木材、钢材等大宗货物，也可用来运送重量较小的机械设备。若在所装运的货物上蒙盖防水帆布或其他遮篷货物后，可代替棚车，承运怕雨淋的货物。因此，敞车具有很大的通用性，在货车组成中数量最多。敞车如图5-6所示。

图5-6　敞车

4. 棚车（P）

棚车是指有侧墙、端墙、地板和车顶，在侧墙上设置滑门和通风窗的铁路货车。棚车是铁路货车中的通用车辆，用于运送怕日晒，雨淋、雪浸的货物，包括各种粮谷、日用工业品及贵重仪器设备等。有的在车内安装火炉、烟囱、床板等，必要时也可运送人员和马匹。棚车如图5-7所示。

图5-7　棚车

5. 漏斗车

漏斗车主要包括粮食漏斗车和矿物漏斗车。粮食漏斗车专用于运输散装粮食,装货时从车辆的一侧将粮食从地面送至车顶的装货口;卸货时粮食依靠自身重力的作用自动流出,故车厢下部做成漏斗形。这样可以提高粮食的运输质量、缩短装卸作业时间、加速车辆周转、改善装卸劳动条件、降低运输成本。粮食漏斗车如图5-8所示。

图5-8　粮食漏斗车

矿物漏斗车包括石渣漏斗车和煤炭漏斗车。石渣漏斗车是指用来运输铁路石渣或小块石料的专用铁路车辆,是一种利用重力卸货的漏斗车,借助风动装置开启底门的卸货机构,以达到卸货的目的。煤炭漏斗车主要用于电站、港口、钢铁等相关企业装运煤炭矿石等散装货物。石渣漏斗车和煤炭漏斗车分别如图5-9和图5-10所示。

图5-9　石渣漏斗车

图5-10　煤炭漏斗车

6. 保温车（B）

保温车按照供电和制冷方式可分为三类。

（1）集中供电，集中制冷的保温车，全列车由发电车集中供电，制冷车集中制冷，采用氨作为制冷剂，盐水作为冷媒。

（2）集中供电，单独制冷的保温车，由发电车集中供电，每辆货车上装有制冷设备单独制冷，采用氟利昂作冷媒，强迫空气循环。

（3）单节机械保温车，每辆车上均装有发电和制冷设备，可以单独发电和制冷，也可使用集中供电的电源。

7. 长大货车（D）

长大货车又称为"长大车"，是专门运送超长、超大及笨重货物的车辆。一般按平车的形式设计和制造，它们的载重能力基本在100 t以上。目前，我国的长大货车最大载荷量为380 t。

8. 特种货车（T）

特种货车是指具有某种专门用途或者是特（种）殊用途（例如：架桥机械车、铺轨车等）的货车。

任务二
公路运输设施设备

导入任务

广州M集团作为跨境电子商务的龙头企业，除了服装产业之外，涉及商品种类多，共计30 000多种商品，现主要服务产品有电子、手机及手提配件、各类饰品、家居照明、户外运动用品等。在国内，M集团负责全国各地的采购工作，大多数都是采用公路运输。请同学们根据所学知识，谈谈对公路运输的理解，并分组讨论任务中有哪些措施可以降低公路运输的成本，最后以小组为单位进行汇报。

任务知识

一、公路站点

公路站点是公路运输领域办理客货运输业务及仓储保管、车辆保养修理，以及为用户提供相关服务的场所，是公路运输企业的生产与技术基地。公路站点一般包括客运站、货运站、停车场（库）、保修场（站）、加油站及食宿站等。

（一）公路客运站

公路客运站的主要功能是发售客票、候车服务、调度车辆、组织乘客上下车、行李包裹受理与交付及其他服务性工作等。我国公路运输车（汽车）客运站主要是按日旅客发送量（即站务工作量），并结合所在地政治、经济及文化等因素分为四个等级。日旅客发送量在 7 000 人次及以上的为一级公路客运站；3 000～7 000 人次的为二级公路客运站；500～3 000 人次的为三级公路客运站；500 人次以下的为四级公路客运站。公路客运站如图 5-11 所示。

图 5-11　公路客运站

（二）公路货运站

公路货运站有时也称汽车站或汽车场，其主要功能包括货物的组织与承运、中转货物的保管、货物的交付、货物的装卸以及运输车辆的停放、保修等。

公路货运站又可分为汽车零担站、零担中转站、集装箱货运中转站等。汽车货运站的功能通常比较简单，有的货运站仅有供运输车辆停靠与货物装卸的场地。一些大型的货运站还设有保养场、修理厂、加油站等。零担货运站一般是按照年工作量（即零担货物吞吐量）划分等级的，年货物吞吐量在 60 000 t 以上的为一级公路货运站；在 20 000～60 000 t 的为二级公路货运站；在 20 000 t 以下的为三级公路货运站。零担货运站应主要配备零担站房、仓库、货棚、装卸车场、集装箱堆场、停车场及维修车间、洗车台、材料库等生产辅助设施。集装箱货运中转站应配备拆装库、高站台、拆装箱作业区、业务（商务及调度）用房、装卸机械与车辆等。

（三）公路停车场（库）

公路停车场（库）的主要功能是停放与保管运输车辆。现代化的大型停车场还具有车辆维修、加油等功能。从建筑性质来看，公路停车场（库）可以分为暖式车库、冷式车库、车棚和露天停车场等。目前，露天停车场在我国较为普遍，尤其是专业运输车辆和公交车辆广泛采用。停车场内的平面布置要方便运输车辆的驶出和进行各类维修作业，多层车库或地下车库还需设有斜道或升降机等，以方便车辆出入。

二、公路运输路线

（一）公路路基

路基是路面的基础，并与路面共同承担车辆荷载，同时抵御地表各种自然因素的危害。路基宽度与公路横向的路幅宽度相同，而路幅宽度为中间的路面宽度与两侧的路肩宽度之和。为了满足车辆和行人的通行要求，公路路基必须坚固和稳定。因此，在公路选线时应考虑路基的坚固程度；合理设计路基的形状和尺寸；施工时应注意分层填筑、压实；特别是要处理好路基的接水问题。

（二）公路路面

公路路面是指在路基上用坚硬材料铺筑供汽车行驶的层状结构物，直接承受车辆的行驶作用力。公路路面一般分为面层、基层、垫层和土基。合理选用和设计路面能显著地降低公路的造价。路面的选用一般应根据公路性质、交通运输量以及充分利用当地材料和结合施工条件等因素确定。为了保证车辆的行驶速度和安全性能等，公路路面要有一定的强度、平整度和必要的粗糙度。

（三）桥隧与涵洞

当公路跨越河流、沟谷，或与铁路、其他公路立体交叉时，需要修建桥梁或涵洞；当线路翻越崇山峻岭时，则需修筑隧道。按照有关技术规定，凡是单孔跨径小于 5 m 或多孔跨径之和小于 8 m 的称为涵洞，大于这一规定值的则称为桥梁。公路的隧道一般设置在公路线形的平坡和直线部分，也可设置在不设超高的大半径平曲线上。隧道内纵坡度应不小于0.3%，不大于3%，以利于隧道排水和行车安全。较长的公路隧道，还需照明、通风、消防设施及报警等其他应急设施。

三、公路运输设备

这里的公路运输设备主要介绍货车。按照中华人民共和国国家标准《汽车和挂车类型的术语和定义》（GB/T3730.1—2001），汽车主要分为乘用车和商用车，货车属于商用车类型，细分为普通货车、多用途货车、全挂牵引车、越野货车、专用作业车和专用货车。

1. 厢式货车

厢式货车又称为厢式车，主要用于全封闭运输各种物品，特殊种类的厢式货车还可以运输危险化学品。厢式货车具有机动灵活、操作方便、工作高效、运输量大、能充分利用空间及安全、可靠等优点。厢式车适用于运输各类货物，各大工厂、超市、个人均适合选配；厢式车后侧可选装后液压托板，可托起0.5～5 t重物。厢式货车如图5-12所示。

图5-12　厢式货车

2. 冷藏保温车

冷藏保温车是用来运输冷冻或保鲜货物的封闭厢式运输车，是装有制冷装置和聚氨酯隔热层的冷藏专用运输车。冷藏保温车常用于运输冷冻食品、奶制品、蔬菜水果、海鲜、鲜肉、疫苗、药品等。冷藏保温车有冷藏汽车和保温汽车两大类。保温汽车是指具有隔热车厢，适用于食品短途保温运输的汽车；冷藏汽车是指具有隔热车厢，并设有制冷装置的汽车。冷藏保温车如图5-13所示。

3. 罐式货车

罐式货车按用途可以分为油罐车、汽罐车、液罐车、粉罐车、水泥搅拌罐车、加油罐车等。下面主要介绍粉罐车和液罐车。

（1）粉罐车，主要用于装运散装材料，如装运散装水泥、面粉、煤粉、滑石粉等粉状物品。粉罐车一般用于短途运输，卸料作业时间和燃油消耗占其运行时间和燃油总消耗的比例较大。卸料速度和剩余率是评价粉罐车设计水平的重要指标。粉罐车如图5-14所示。

图5-13　冷藏保温车

图5-14　粉罐车

（2）液罐车，是装运液态物品的专用罐式车辆，主要用于装运油类。如：化学品、饮料、水等液体物品。液罐车分为运油汽车和加油汽车，运油汽车是指装有容罐、消电装置、通气阀、灭火机和输油胶管等，用于装运汽油、柴油和煤油等油料的专用汽车；加油汽车除具有运油汽车的基本装置外，还设置泵油系统、控制系统等，用于将油库中的油料吸入本车油罐以及对用油和储油设备加注油料的专用汽车。液罐车如图5-15所示。

4. 自卸车

自卸车是指通过液压或机械举升而自行卸载货物的车辆，又称翻斗车，由汽车底盘、液压举升机构、货箱和取力装置等部件组成。自卸车在土木工程中，经常与挖掘机、装载机、带式输送机等工程机械联合作业，构成装、运、卸生产线，进行土方、砂石、散料的装卸运输工作。装载车厢能自动倾斜一定角度卸料，能大大节约卸料时间和劳动力、缩短运输周期、提高生产效率、降低运输成本，是常用的运输专用车辆。自卸车根据用途不同可分为矿用自卸车，用于运输煤矿、砂石；环卫绿化自卸车，用于运输垃圾。自卸车如图5-16所示。

图5-15　液罐车

图5-16　自卸车

5. 牵引车

牵引车俗称拖车，是一种有动力而无装载空间的车辆，是专门用来牵引挂车的运输工具。挂车是无动力但有装载空间的车辆，两者结合在一起组成汽车列车进行货物运输。按司机室的形式，牵引车分为平头式牵引车和长头式牵引车两种。

（1）平头式牵引车。平头式牵引车的发动机和前轮设置在司机室的下面。其优点是司机室短，视线好；轴距和车身短，转弯半径小。缺点是司机受到机器震动影响，舒适感较差。平头式牵引车如图5-17所示。

图5-17　平头式牵引车

（2）长头式（又称凸头式）牵引车。长头式牵引车的发动机和前轮设置在司机室的前面。其优点是司机舒适感较好；发生交通事故时，司机较为安全；开启发动机罩修理发动机较方便。缺点是司机室较长，因而整个车身长，回转半径较大。长头式牵引车如图5-18所示。

图5-18　长头式牵引车

由于各国对公路、桥梁和涵洞的尺寸有严格的规定，车身短的平头式牵引车应用日益增加。

6. 半挂车

半挂车是指车轴置于车辆重心（当车辆均匀受载时）后面，并且装有可将水平力或垂直力传递到牵引车的连接装置的挂车。与"单体式"汽车相比，半挂车更能提高公路运输的综合经济效益。运输效率可提高30%～50%，成本降低30%～40%，油耗降低20%～30%。半挂车可分为平板式半挂车和厢式半挂车，分别如图5-19和图5-20所示。

图5-19 平板式半挂车

图5-20 厢式半挂车

7. 汽车列车

汽车列车是指由汽车或牵引车和挂车组成的列车。汽车运输的发展，要求不断提高车辆的承载能力。但普通汽车的轴负荷和外廓尺寸受到公路法规的限制，不可能生产得过重过大，于是出现了拖挂形式的汽车列车。载货汽车列车按组合形式可分为全挂汽车列车、半挂汽车列车、双挂汽车列车和长货汽车列车四种。

其中，半挂汽车列车是"甩挂运输"（用一辆牵引车轮流牵引多辆半挂车，以达到高效率的运输），"区段运输"（半挂汽车列车到达指定区段站，半挂车换上另外牵引车牵引继续向目的地行驶，而此牵引车牵引其他半挂车返回原地），"滚装运输"（集装箱半挂车直接装船及卸下运输）的最好车型。目前，绝大部分国家采用半挂汽车列车进行集装箱公路运输。半挂汽车列车如图5-21所示。

图5-21 半挂汽车列车

任务三
航空运输设施设备

导入任务

广州M集团要将一件货物从上海运到广州，采用B737机型，货物的尺寸为400 cm×60 cm×60 cm。

请同学们根据所学知识，谈谈对航空运输的理解，哪些产品适合航空运输？并分组讨论根据这批货物的尺寸，B737的舱门能否放进去？

任务知识

微课：
航空运输设施设备

一、航空机场

（一）机场的功能

机场是供飞机起飞、着陆、停驻、维护、补充燃油及组织飞行保障活动所用的场所。机场又称航空站（简称航站），大型民航运输机场又称为"航空港"。

机场的主要功能有：

（1）机场、航路和机队构成了民航运输网络。

（2）机场是民航运输网络中的节点，是航空运输的起点、终点和经停点。

（3）机场是空中运输和地面运输的转接点。（对空：供飞机起降；对地：供客、货和邮件进出）

（4）机场可实现运输方式的转换，全国的各类机场构成了功能健全的国家机场体系。

（二）机场的构成

机场主要由飞行区、地面运输区和候机楼三个部分构成，如图5-22所示。

飞行区是飞机起飞、着陆和滑行的飞机运行区域，通常还包括用于飞机起降的空域；地面运输区是车辆和旅客活动的区域，其功能是把机场和附近城市连接起来（通常是通过公路，也包括铁路、地铁、轻轨、水运码头等）；候机楼是旅客登机的场所，是飞行区和地面运输区的接合部位。机场还可分为空侧（airside）和陆侧（landside）两部分，候机楼是这两部分的分界处。

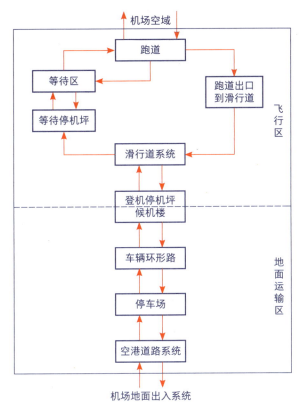

图5-22　机场结构示意图

（三）机场的分类

1. 按照服务对象分类

包括军用机场、民用机场和军民合用机场。民用机场又分为：商业运输机场（航空港）、通用航空机场和其他机场（用于科研、生产、教学和运动）。

2. 按照航线业务范围分类

（1）国际机场，拥有国际航线并设有海关、边检等联检机构的机场。

（2）国内航线机场，专供国内航线使用的机场。

（3）地区航线机场，在我国指大陆民航运输企业与中国香港、中国澳门、中国台湾之间定期或不定期航班飞行使用，并设有相应联检机构的机场。

3. 按照机场在民航运输系统中所起的作用分类

（1）枢纽机场，作为全国航空运输网络和国际航线的枢纽机场。

（2）干线机场，以国内航线为主，建立跨省跨地区的国内航线的，可开辟少量国际航线。

（3）支线机场，经济较发达的中小城市或经济欠发达但地面交通不便的城市地方机场。

4. 按照机场所在城市的性质、地位和在全国航空运输网络中的作用分类

（1）Ⅰ类机场。即全国经济、政治、文化中心城市的机场，是全国航空运输

网络和国际航线的枢纽。一般机场占地面积较大，与机场周围的环境具有共容性，与服务的城市之间具有良好潜在的地面交通系统，具有两条以上的跑道、精密仪表系统、接收大型飞机的能力、良好的飞机维修和国内国际旅客转乘衔接能力，交通运输业务繁忙。Ⅰ类机场飞行区的等级为4E。目前，我国北京、上海、广州三大机场属于此类机场，Ⅰ类机场也称为大型枢纽机场。

（2）Ⅱ类机场。即省会、自治区首府、直辖市和重要的经济特区、沿海开放城市和旅游城市，或经济发达、人口密集城市的机场，设有跨省、跨地区的航线，是省内或区域内的航空运输枢纽，具有一定的机务维修能力和转乘旅客衔接能力，有的也可作为国际和地区航班机场。Ⅱ类机场飞行区的等级一般为4D。我国天津、石家庄、太原、呼和浩特、沈阳、大连、长春、哈尔滨、南京、杭州、宁波、温州、合肥、福州、厦门、南昌、济南、青岛、郑州、武汉、长沙、深圳、珠海、汕头、南宁、桂林、海口、成都、重庆、贵阳、昆明、拉萨、西安、兰州、银川、乌鲁木齐等地机场属于此类机场。目前大多数机场都没有达到Ⅱ类机场标准，Ⅱ类机场也称为国内干线机场。

（3）Ⅲ类机场。指经济比较发达或一般开放城市的机场，这类机场在民用机场中所占的比重比较大。该类机场多数配套设施不完善，需改造扩建。

（4）Ⅳ类机场。除上述三类之外的机场都通称为Ⅳ类机场，Ⅳ类机场也称为支线机场。

二、航空运输路线

（一）航路

民航运输服务是航空器跨越天空在两个或多个机场之间的飞行服务。为了保障飞行安全，必须在机场之间的空中为这种飞行提供相对固定的飞行线路，使之具有一定的方位、高度和宽度，并且在沿线的地面设有无线电导航设施。这种经政府有关当局批准的、飞机能够在地面通信导航设施指挥下沿着一定高度、宽度和方向在空中航载飞行的空域，就称为航路（Airway）。我国民用航路的宽度规定为20 km。

（二）航线

民航从事运输飞行，必须按照规定的线路飞行，这种线路称为航空交通线，简称航线。航线不仅确定了航行的具体方向、经停地点，而且根据空中管理的需要规定了航路的宽度和飞行的高度层，以维护空中交通秩序，保证飞行安全。

按照飞机飞行的线路，航线分为国内航线、地区航线和国际航线。

（三）航班和航段

1. 航班

飞机自始发站起飞，按照规定的航线经过经停站至终点站做运输飞行的称为航班。航班分为去程航班和回程航班。在机型不变的情况下，班次增多表明运输能力增强。班次是根据客观需要和主观能力来确定的。在国际航线上飞行的航班为国际航班，在地区航线上飞行的航班为地区航班，在国内航线上飞行的航班为国内航班。中国国内航空公司的航班号由执行航班任务的航空公司两个字母代码和四个阿拉伯数字组成。如CA1501，表示中国国际航空公司从北京至上海的航班。

2. 航段

航段通常分为旅客航段（Segment，简称"航段"）和飞行航段（Leg，通常称为"航节"）。旅客航段指能够构成旅客航程的航段。例如：北京—上海—旧金山航线，旅客航程有3种可能：北京—上海、上海—旧金山和北京—旧金山。飞行航段是指航班飞机实际飞行的航段。例如：北京—上海—旧金山航线，飞行航段为北京—上海和上海—旧金山。

三、航空运输设备

（一）航空货运飞机的类型

1. 按照机身的尺寸分类

（1）窄体飞机。指机身宽度约为3 m，舱内只有一条通道，一般只能在下舱内装载包装尺寸较小的件杂货。如B737、B757、A320、A321等，如图5-23所示。

（2）宽体飞机。指机身宽度不小于4.72米，舱内有两条通道，下舱可装载集装箱。如B767、B747、B777、B787、A330、A350等，如图5-24所示。

图5-23　窄体飞机

图5-24　宽体飞机

2. 按照机舱的载货方式分类

（1）全货机。指机舱全部用于装载货物的飞机，全货机一般是宽体飞机，主舱可装载大型集装箱。目前，世界上最大的全货机装载量达250 t，通常商用的大型全货机的载重量约为100 t，如图5-25所示。

图5-25　全货机

（2）客货两用机。即普通客机，上舱（主舱）用于载客，下舱（腹舱）用于载货。客货两用机有两种机型，一种是"COMDIME"（康比）机型，主要是B747；另一种是"QC"机型，根据市场需求可临时拆装座椅，如图5-26所示。

图5-26　客货两用机

（二）航空集装器

装载集装器的飞机，其机舱内设有固定集装器的设备，当集装器固定于飞机上时，就成为飞机的一部分，所以航空集装器的大小有严格的规定。

1. 集装设备的分类

（1）按照注册与非注册分类。

注册的航空集装器是国家有关政府部门授权集装器生产厂家生产的，适用于飞机安全载运，在其使用过程中不会对飞机的内部结构造成损害的集装器。

非注册的航空集装器是指未经有关部门授权生产的，未取得适航证书的集装器，非注册的航空集装器不能看作飞机的一部分。因为它与飞机不匹配，仅适用于某些特定机型的特定货舱。

（2）按照用途分类。

集装板（PALLET）：集装板是具有标准尺寸的，如图5-27、图5-28所示。四边带有卡销轨或网带卡销轨，中间夹层为硬铝合金制成的平板，以使货物在其上码放。网套用来把货物固定在集装板上，凭借专用的卡锁装置来固定。

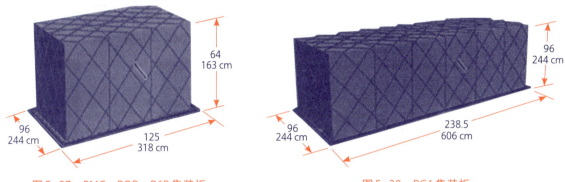

图 5-27　PMC，PQP，P6P 集装板　　　　　　　图 5-28　PGA 集装板

集装棚：非结构式集装棚，无底、前端敞开，套到集装板及网套之间；结构式集装棚，与集装板固定成一体，不需要网套。

航空集装箱：指在飞机的底舱与主舱中使用的一种专用集装箱，与飞机的固定系统直接结合，不需要任何附属设备，如图 5-29 所示。

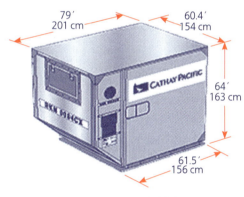

图 5-29　航空集装箱

2. 航空集装器编号

每个集装器都有 IATA（国际航空运输协会）编号，编号由十位字母与数字组成，例如 AKE12032MU。每位含义如下：

第一位：集装器的种类码。"A"代表经适航审定的集装箱；"D"代表未经适航审定的集装箱。

第二位：底板尺寸码。"K"代表底面尺寸为 1 534 mm×1 562 mm 的集装箱；"P"代表底面尺寸为 1 534 mm×1 194 mm 的集装箱。

第三位：箱外形、与机舱相容性代码（为适配代码）。"E"适配于宽体机型的底舱，无叉槽；"N"适配于宽体机型的底舱，有叉槽。

第四~第七位：集装器序号码。由各航空公司对其所拥有的集装器进行编号。

第九位：校验码，为序列号除以七的余数。

第十位：注册号码（字母表示）。一般为航空公司的ITAT二字代码。

任务四
水路运输设施设备

导入任务

广州M集团根据上半年的销售分析，决定将卫浴、家具等产品，从南沙港码头发货至位于美国的海外仓，便于一旦有订单，直接从当地仓库发给买家，提高时效性，减少缺货情况，提升货物销量。

请同学们根据所学知识，谈谈选择何种运输方式运送卫浴和家具比较合适，并分组讨论展示。

任务知识

微课：
水路运输设施设备

一、水路码头

（一）水路码头的分类

码头是海边、江河边专供轮船或渡船停泊，供乘客上下、货物装卸的场所，是港口的主要组成部分。

1. 专用码头

专用码头是专供某一固定货种和流向的货物进行装卸的码头。如：煤炭码头、化肥（散装或袋装）码头、石油码头、集装箱码头，等等。其特点是码头设备比较固定，便于装卸机械化和自动化，装卸效率高，码头通过能力强，管理便利。煤炭码头如图5-30所示。

图5-30　煤炭码头

2. 客运码头

客运码头的作用主要是让乘客上下船。客运码头可分为公众码头、渡轮码头和邮轮码头。公众码头开放给所有船使用；渡轮码头通常由固定的航线专用，多条航线亦可共用同一渡轮码头。某些连接不同国家或地区的渡轮码头，会附设出入境设施。邮轮码头通常用于邮轮泊岸，多数会附有完善的配套设施，例如海关，行李处理区，票务处，旅游车停泊区及上下客区等。由于邮轮体积和排水量大，邮轮码头需要建在水深港阔的地方。大多数邮轮码头没有具体指定由哪一个公司使用。有些公众客运码头，会用作装卸小量货物，例如：中国香港黄石码头。邮轮码头如图5-31所示。

图5-31 邮轮码头

3. 集装箱码头

集装箱码头是专供集装箱装卸的码头。它一般设有专门的装卸、运输设备，要有集运、贮存集装箱的宽阔堆场，以及供货物分类和拆装集装箱用的集装箱货运站。由于集装箱可以把各种繁杂的件货和包装杂货组成规格化的统一体，因此可以采用大型专门设备进行装卸、运输，提高码头装卸效率。所以目前，世界各国对件杂货的成组化、集装箱化的运输都很重视。集装箱码头如图5-32所示。

图5-32 集装箱码头

4. 石油码头

石油码头是装卸原油及成品油的专用码头。它与普通货（客）码头和其他固定建筑物要有一定的防火安全距离。这类码头的一般特点是货物载荷小，装卸设备比较简单，在油船不大时（如内河系统），一般轻便型式的码头都可适应。由于近代海上油轮巨型化，根据油轮抗御风浪能力大、吃水深的特点，对码头泊稳条件要求不高。石油码头如图5-33所示。

图5-33　石油码头

（二）码头岸线

码头岸线是指码头建筑物靠船一侧的竖向平面与水平面的交线，即停靠船舶的沿岸长度。它是决定码头平面位置和高程的重要基线。构成码头岸线的水工建筑物称为码头建筑物。根据船舶吃水深度和使用性质等的不同，一般分为深水岸线、浅水岸线和辅助作业岸线等。港口各类码头岸线的总长度是港口规模的重要标志，反映它能同时靠码头作业的船舶数量。

码头前沿作业地带是指从码头线至第一排仓库（或堆场）的前缘线之间的场地。它是货物装卸、转运和临时堆存的场所。一般设有装卸、运输设备；有供流动机械、运输车辆操作运行的地带；有的还设置供直接作业的铁路轨道。前沿作业地带的宽度没有统一的标准，主要根据码头作业性质，码头前的设备装卸工艺流程等因素确定。我国沿海港口、件杂货码头前沿作业地带的宽度在25~40 m。前沿作业地带的面层，一般用混凝土、钢筋混凝土块体和块石进行铺砌，以满足运输机械行走和场地操作等要求。

（三）泊位

泊位是指一艘设计标准船型停靠码头所占用的岸线长度或占用的囤船数目。泊位长度一般包括船舶的长度L和船与船之间的必要安全间隔d。d值的大小根据船舶大小而变化，一个万吨级泊位为15~20 m。泊位的数量与大小是衡量一个港口或码头规模的重要标志。一座码头可能由一个或几个泊位组成，视其布置形式和位置而定。

泊位利用率是指一年中船舶实际占用泊位的时间占总营运时间的百分比。它是衡量泊位使用情况的参数之一，也是计算泊位通过能力的一个指标。

二、水路运输路线

（一）航道

航道是船舶进出港的通道，是以水路运输为目的所规定或建造的船舶航行通道。航道应具备足够的水深和宽度，以满足设计标准船型的满载吃水要求和通行船舶的顺利通过。航道可以分为海上航道、内河航道和人工航道。

1. 海上航道

海上航道属于自然水道，其通过能力几乎不受限制。每一海区的地理、水文情况都反映在该区的海图上。船舶每次都是根据海图运行，结合当时的气候条件、海况和船舶本身的技术性能进行计算，并在海图上标出。

然而，随着船舶吨位的增加，有些海域或狭窄水道会对通航船舶产生一定限制。例如，位于新加坡、马来西亚和印度尼西亚之间的马六甲海峡，为确保航行安全、防止海域污染，三国限定通过海峡的油船吨位不得超过220 000 t，龙骨下水深必须保持3.35 m。

2. 内河航道

内河航道大部分是由自然水道和引航的航标设施构成的。内河航道与海上航道相比，其通行的条件有很大的差别，反映在不同的通航水深、不同的通航时间和不同的通航方式等方面。

我国长江货运量于2005年首次超过美国密西西比河、欧洲莱茵河，由原来的世界货运量第三位跃居首位，且十几年来一直稳居全球内河首位。沿江经济社会发展所需85%的铁矿石、83%的电煤和85%的外贸货物运输量（中上游地区达90%）主要依靠长江航运来实现，长江成为名副其实的黄金水道。长江航道如图5-34所示。

图5-34　长江航道

3. 人工航道

人工航道是指由人工开凿，主要用于船舶通航的河流，又称运河。人工航道一般开凿在几个水系或海洋的交界处，可以缩短船舶航程，降低运输费用，方便人们的生产和生活，扩大船舶通航范围，进而形成一定规模的水运网络。

　　我国的京杭大运河全长1 794千米，拥有2 500余年历史，是人类文明史开凿时间最早、里程最长、工程量最大的人工河流，是中国仅次于长江的第二条"黄金水道"，价值堪比长城。它连通我国五大水系，是我国国内水路运输的大动脉。京杭大运河如图5-35所示。

图5-35　京杭大运河

（二）航线

　　航线是指船舶航行起讫点的线路。狭义的航线是指船舶航行在海洋中的具体航迹线，也包括画在海图上的计划航线。

1. 按照航线性质分类

　　（1）推荐航线。航海者根据航区不同季节、风、流、雾等情况，以及长期航行实践形成的习惯航线。

　　（2）协定航线。某些海运国家或海运单位为了使船舶避开危险环境，协商在不同季节共同采用的航线。

　　（3）规定航线。国家或地区为了维护航行安全，在某些海区明确过往船舶必须遵循的航线。

2. 按照航线所经过的航区分类

　　（1）大洋航线。指船舶在大洋航行时所选择的既安全又经济的航线。由于大洋航行的航程长、障碍物少和水文气象变化大，故航线有较大的选择性。航线的选择必须考虑以下因素：航行洋域的季节、气候、洋流；定位和避让条件；本船的技术性能、装载的货物、船员的技术水平等，要尽可能在安全的前提下缩短航行时间。

　　（2）近海航线。又称为近洋航线，指本国各港口至邻近国家港口间的海上运输航线的统称，我国习惯上把航线在亚丁港以东地区的亚洲和大洋洲的航线称为近洋航线。

（3）沿岸航线。又称为沿海航线，指本国沿海各港口之间的海上运输航线，如上海港、广州港、青岛港、大连港等。

（三）航标

航标又称助航标志，是指用以帮助船舶定位、引导船舶安全航行、表示警告和指示碍航物的人工标志。为了保证进出口船舶的航行安全，每个港口、航线附近的海岸均有各种助航设备。永久性航标位置、特征、灯质、信号等已载入各国出版的航标和海图。

（1）海区航标。海区航标是指在海上的某些岛屿、沿岸及港内重要地点设立的用以表示航道、锚地、碍船物、浅滩等，或作为定位转向的标志。按照工作原理，海区航标分为视觉航标、音响航标、无线电航标。

① 视觉航标。白天以形状、颜色和外形，夜间以灯光颜色、发光时间间隔、次数、射程及高度来显示，能使驾驶人员通过直接观测迅速辨明水域，确定船位，安全航行，是使用最多最方便的航标。常见的视觉航标有灯塔、灯船、浮标、灯桩、立标、系碇设备和各种导标，如图5-36所示。

② 音响航标。能发出规定响声的助航标志。它可在雾、雪等能见度不良的天气条件下向附近船舶表示有碍通行或危险。包括雾号、雾笛、雾钟、雾锣、雾哨、雾炮等，如图5-37所示。

图5-36　视觉航标

图5-37　音响航标

③ 无线电航标。利用无线电波的传播特性向船舶提供定位导航信息的助航设施。包括无线电指向标、无线电导航台、雷达应答标、雷达指向标和雷达反射器等。

（2）内河航标。内河航标是指设于内河沿岸或内河中，用以准确标出江河航道的方向、界限、水深和水中障碍物，预告洪汛、指挥狭窄和急转弯水道的水上交通、引导船舶安全航行的标志。内河航标如图5-38所示。

图5-38　内河航标

① 航行标志：用于标示内河安全航道的方向和位置等。包括过河标、接岸标、导标、过河导标、首尾导标和桥涵标6种。

② 信号标志：用于标示航道深度、架空电线和水底管线位置，预告风讯，指挥弯曲狭窄航道的水上交通标志。包括水深信号标、通行信号标、鸣笛标、界限标、电缆标、横流浮标、风讯信号标7种。

③ 专用标志：用于指示内河中有碍航行安全的障碍物。包括三角浮标、浮鼓、棒形浮标、灯船、左右通航浮标、泛滥标6种。

三、水路运输设备

这里的水路运输设备主要介绍船舶。在几千年的船舶发展史中，大致经历了舟筏、风帆及蒸汽机船三个阶段。目前，正处于以柴油机为主要动力的钢船时代。随着世界经济的发展，现代运输船舶形成了种类繁多、技术复杂及高度专业化的运输船舶体系。

（一）船型的主要尺度

船型的主要尺度有船长、型宽、型深、吃水。

（1）船长（L）：船长有三种表示方法，分别是总长、垂线间长、设计水线长。总长，是指船艏至尾部的最大水平距离；垂线间长，是指艏垂线至尾垂线的距离，又称两柱间长；设计水线长，是指设计水线平面与船型首尾交点之间的水平距离。一般情况下，船长指垂线间长或设计水线长。

（2）型宽（B）：在船体的最宽处，由一舷的肋骨外缘至另一舷的肋骨外缘之间的水平距离。

（3）型深（H）：船舯点处，沿舷侧龙骨上缘至上甲板下缘的垂直距离；对甲板转角为圆弧形的船舶，则由平板龙骨上缘至甲板型线与船舷型线交点的距离。

（4）吃水（T）：船舯部，从龙骨上缘至设计水线的垂直距离。

（二）常用的货运船舶

1. 普通杂货船

普通杂货船，是以装运零担货物为主要业务的商船。大多定期航行于固定航线，在两港之间、三角航线或某水域，也有环球航线。小的有数百吨，大的有15 000吨。停泊港数量多，装卸时间长。其航速为18～22节。这种船舶货舱有较大容积，并分舱分层以装运不同货物。舱口有起货设备：如有5～10 t吊杆，大舱口应该有15～20 t旋塔式吊杆。为便于装舱，设有双层甲板，大型远洋杂货船甲板间隔为3 m左右。每货舱设有一个舱口，其宽为船宽的40%～60%，舱盖有水密装置。现代货船大多采用尾机型，其优点是可在船中部留有方整的船体货舱，以利于装货、理货和清舱。普通杂货船如图5-39所示。

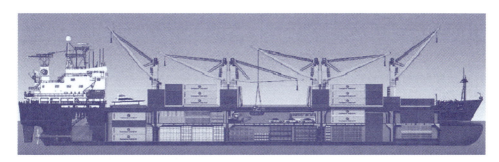

图5-39　普通杂货船

2. 干散货船

干散货船又称散装货船，专用于运送煤炭、矿砂、谷物、化肥、水泥、钢铁等散装物资。目前其数量仅次于油船。干散货船特点为驾驶室和机舱安置在尾部，货舱口宽大，内底板与舷侧以向上倾斜的边板连接，便于货物向货舱中央集中，甲板下两舷与舱口处有倾斜的顶边舱以限制货物移动；有较多的压载水舱用于压载航行。按照载运的货物不同，干散货船又可分为矿砂船、运煤船、散粮船、散装水泥船、运木船等。矿砂船和运煤船分别如图5-40和图5-41所示。

图5-40　矿砂船

图5-41　运煤船

3. 集装箱船

集装箱船可分为全集装箱船和半集装箱船。它的结构和形状与常规货船有明显不同。它外形狭长，单甲板，上甲板平直，货舱口达船宽的70%～80%。上层建筑位于船尾或中部靠后，以让出更多的甲板堆放集装箱，甲板一般堆放2～4层，舱内可堆放3～9层集装箱。集装箱船装卸速度高、停港时间短，大多采用高航速，通常为20～23节，如图5-42所示。近年来为了节能，一般采用经济航速，为18节左右。在沿海短途航行的集装箱船，航速仅为10节左右。

4. 滚装船

滚装船是指利用运货车辆来载运货物的专用船舶，是用牵引车牵引载有箱货或其他件货的半挂车或轮式托盘直接进出货舱装卸的运输船舶。滚装船本身无装卸设备，一般在船侧或船的首、尾开口，斜坡连接码头，装卸货物时汽车或集装箱（装在拖车上的）直接开进或开出船舱。滚装船在中国的海上航线应用很多，在烟台—大连，海口—湛江等轮渡口岸都有广泛的应用。

滚装船适应性较强，除了能装载集装箱外，还能运载特种货物和各种大件货物，有专门装运钢管、钢板的钢铁滚装船，专门装运铁路车辆的机车车辆滚装船，专门装运钻探设备、农业机械的专用滚装船，还可以混装多种物资及用于军事运输。滚装船如图5-43所示。

图5-42　集装箱船

图5-43　滚装船

5. 冷藏船

冷藏船，是指将鱼、肉、水果、青菜等易腐货物保持一定低温条件下进行载运的专用船舶，如图5-44所示。普通冷藏船的货舱为冷藏舱，且具有多层甲板，船壳多涂成白色，以防日晒的热气辐射。除了航行动力及装卸主副机外，还装有冷冻机、送风机、抽风机等；利用二氧化碳或氨、氟等冷媒剂制造冷气，经管道送入货舱四壁的蛇形管内，或经通风口利用送风机，使舱内温度降低并保持在15～25 ℃的规定温度，同时用抽风机使舱内保持空气新鲜。

因受货运批量限制，冷藏船吨位不大，通常为数百吨到数千吨。近年来，为提高冷藏船的利用率，出现一种能兼运汽车、集装箱和其他杂货的多用途冷藏船，吨位可达 20 000 t 左右。冷藏船航速高于一般货船，万吨级多用途冷藏船的航速每小时超过20海里[①]（37 km）。

图5-44　冷藏船

6. 油船

油船的特点是机舱都设在船尾，船体被分隔成数个贮油舱，有油管贯通各油舱。油舱大多采用横向式结构，并设有纵向舱壁，在未装满货物时也能保持船舶的稳定性。油轮的载重量越大，运输成本越低。由于石油货源充足，装卸速度快，并且可以通过铺设在海上的石油管道来卸，所以大型原油船可以不停靠码头，而只需要系浮筒来进行装卸作业。因为没有对码头水深的要求，所以油船可以建造得很大。油船如图5-45所示。

图5-45　油船

7. 液化气船

液化气船可分为液化天然气船（LNG）、液化石油气船（LPG）、乙烯运输船（LEC）三种。

（1）液化天然气船（LNG）。液化天然气（主要成分为甲烷）通常采用在常压

---

① 注：海里为非法定计量单位。

下极低温（−165 ℃）冷冻的方法使其液化。液体舱内具有严格的隔热结构与材料，能保证液体舱恒定低温。常见的液体舱形状有球形和矩形两种，也有将液体舱设计成棱柱形或圆筒形的。液化天然气船用于运输−163 ℃的液化天然气，是国际上公认的高技术、高可靠性、高附加值的"三高"特殊船，集中了当今世界最先进的造船技术。液化天然气船如图5-46所示。

图5-46　液化天然气船

（2）液化石油气船（LPG）。液化石油气船，主要运输以丙烷（C_3H_8）和丁烷（C_4H_{10}）为主要成分的石油碳氢化合物（HC）或两者混合气，包含丙烯（C_3H_6）和丁烯（C_4H_8），还有一些化工原料，近年来乙烯也列入其运输范围。根据载运各类气体的不同液化条件，而分为全压式（装载量较小）液化石油气船、半冷半压式（装载量较大）液化石油气船和全冷式（装载量大）液化石油气船。液化石油气（LPG）船因其特殊用途而产生了各方面的特殊要求，其技术难度大，代表当今世界的造船技术水平，船价为同吨位常规运输船的2～3倍，是一种高技术、高附加值的船舶。液化石油气船如图5-47所示。

图5-47　液化石油气船

（3）乙烯运输船（LEC）。乙烯是合成乙醇（酒精）、合成纤维、合成橡胶、合成塑料的基本化工原料。乙烯运输被国际航运界认为是"尖端"业务，必须在−103℃的超低温条件下运输。乙烯运输船如图5-48所示。

图5-48 乙烯运输船

 社会担当
"年货列车"送"年味"

2021年春节前夕，为保障春节不返乡人员过年物资供应，铁路部门高效安排运力，加强食品和农副产品运输，"年货列车"把年味儿快速带给千家万户。2月3日14时39分，搭载着生鲜肉品的G2426次高铁列车准时驶出内蒙古呼和浩特东站，发往北京清河站。5个多小时后，北京的市民便在餐桌上品尝到来自内蒙古大草原的牛羊肉。

除了国货，"洋年货"也在丰富中国人的生活。2月3日，满载49车面粉、食用油等的X9020次中欧班列（西安）年货返程班列，驶入中国铁路西安局集团有限公司新筑车站。这是2021年从哈萨克斯坦开出后抵达西安的首趟中欧班列（西安）年货返程班列。这趟班列装载有面粉、食用油、蜂蜜、糖果等丰富的年货产品。

增开中欧班列，为众多企业发展注入蓬勃动力。春运40天，中欧班列累计开行1 513列，同比增加784列、增长108%。列车载着国内的鲜花、水果等产品驶往欧洲，德国肉类产品、法国红酒、俄罗斯食用油等食品也纷纷走进中国百姓厨房，中欧班列战略通道作用更加凸显。

加强节日物资运输，给千家万户送去"年味"。春节期间，铁路大动脉活力涌动，一列列满载货物的班列奔向四面八方。仅10天时间内，全国铁路日均装车17.15万车，与常年同期相比增加3.5万车、增长26%，创历年春节期间装车的最好水平，确保了人民群众度过一个欢乐祥和的中国年。

同步测试

一、单选题

1. 货运机车的特点是（　　　）。
   A. 牵引力小　　　　　　　　B. 速度快
   C. 机动灵活　　　　　　　　D. 牵引力大

2. 以下对泊位利用率的理解正确的是（　　　）。
   A. 是计算泊位通过能力的一个指标
   B. 衡量泊位使用情况的参数之一
   C. 一年中船舶实际占用泊位的时间占总营运时间的百分比
   D. 以上都正确

3. 以下对半挂汽车的理解不正确的是（　　　）。
   A. 甩挂运输的最好车型
   B. 返程运输的最好车型
   C. 滚装运输的最好车型
   D. 区段运输的最好车型

4. 专门办理货物装卸和货物联运或换装作业的站场是（　　　）。
   A. 货运站　　　　　　　　　B. 区间站
   C. 中间站　　　　　　　　　D. 编组站

5. 铁路路线由（　　　）构成。
   A. 路基　　　　　　　　　　B. 涵洞
   C. 隧道　　　　　　　　　　D. 以上都是

二、多选题

1. 机场主要由（　　　　）构成。
   A. 飞行区　　　　　　　　　B. 信息接收发送区
   C. 地面运输区　　　　　　　D. 候机楼

2. 常见的船舶包括（　　　　）。
   A. 普通杂货船　　　　　　　B. 干散货船
   C. 集装箱船　　　　　　　　D. 冷藏船

3. 航空集装器包括（　　　　）。
   A. 非注册集装器　　　　　　B. 集装板
   C. 集装棚　　　　　　　　　D. 集装箱

4. 航标的主要功能包括（　　　　）。
   A. 定位　　　　　　　　　　B. 指挥
   C. 交通指示　　　　　　　　D. 警告

5. 常见的运输方式主要包括（　　　　）。

   A. 铁路运输　　　　　　　　　B. 公路运输

   C. 航空运输　　　　　　　　　D. 水路运输

三、判断题

1. 通过式客运站的优点之一是车站容易深入市区中心，旅客出行乘车方便，可缩短出行时间。（　　）

2. 尽头式客运站的优点之一是市郊旅客与长途旅客进、出站流线互不干扰。（　　）

3. 高级路面包括沥青贯入式路面。（　　）

4. 油船对码头水深没有要求。（　　）

5. 液化石油气船是一种高技术、高附加值、高安全性的船舶。（　　）

项目实训

应用运输管理信息系统完成车辆调度作业

实训目的：

掌握运输管理信息系统的操作流程，并根据要求完成车辆调度作业，在实训中锻炼团队协作能力。

实训组织：

小组形式。

实训内容：

（1）在运输管理信息系统中录入托运单。

（2）完成订单系统的拣选作业。

（3）完成手持操作下货物拣选作业。

实训要求：

以小组为单位，小组成员分工，两人负责将纸箱货物合理码放到托盘上，一人操作叉车进行托盘货物的装卸和搬运作业，一人负责安全指挥。严格按照叉车的操作流程，通过操作设备完成托盘货物的装卸和搬运作业，注意设备操作的规范性和安全性。

操作流程：

1. 在运输管理信息系统中录入托运单

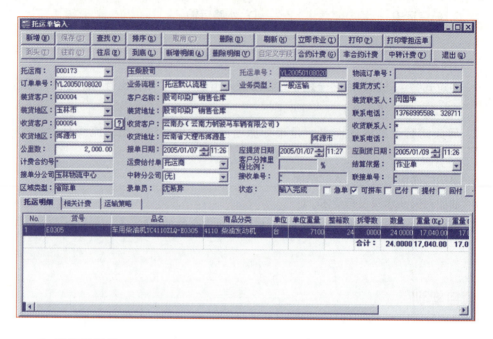

2. 确认托运单

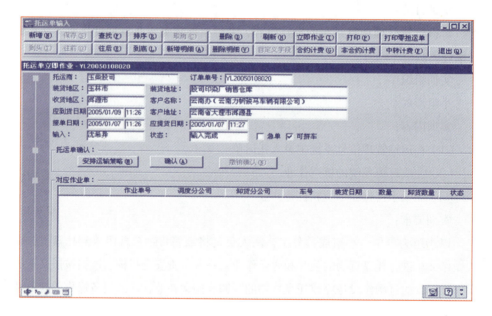

3. 调度配货

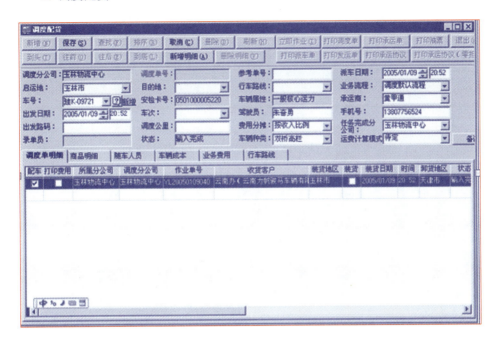

4. 发车确认、终点卸货、车辆任务完成

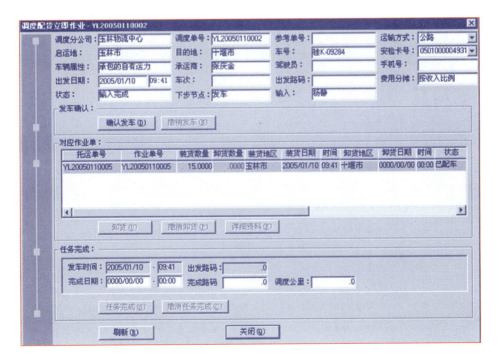

项目六

集装箱作业设备

知识目标
- 了解集装箱的概念、特点、分类、结构
- 理解几种常见包装货体的装箱操作
- 掌握集装箱的规格标准
- 掌握几种常见集装箱的选择
- 掌握集装箱的基本管理内容和特点

技能目标
- 能够根据货品特性正确选用集装箱
- 能够根据需求科学选用集装箱
- 能够根据货物包装的不同正确装箱

素养目标
- 通过了解我国集装箱管理水平的显著提升，激发学生的民族自信心和职业使命感
- 通过了解我国集装箱部分操作技术和管理水平已经达到国际领先水平，激发学生的民族自信心和职业自豪感

思维导图

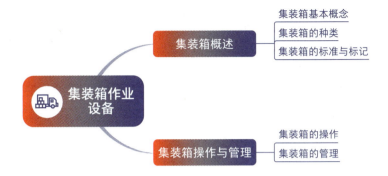

项目背景

　　集装箱能够运输各种货物，虽然批量不大，但是同样能够用一个或者多个集装箱进行海运，甚至还有拼箱操作，这对于货物的及时出运有很大的好处。由于集装箱的规格一致，码头装卸作业效率大大提高，船舶在港时间大大减少，船舶的周转率也会大大提高；由于集装箱可以多层码放，码头堆场利用率随之提高；集装箱机械化程度很高，从而节省了人力，改变了原来的劳动密集型码头作业方式。集装箱的出现和发展是包装方法和运输方式的一场革命。

任务一
集装箱概述

导入任务

　　位于广州南沙自贸区的广东浩海国际贸易有限公司（简称"浩海公司"）成立于1980年，没有集装箱方式跨国运输时，全部货物都是通过杂货船、散货船运输，这种运输方式必须要求货物的外包装坚固耐用，能够符合多次搬运、装卸的要求。但集装箱的方式就省却了高要求的货物外包装，同时在运输过程中的搬运只是针对箱体进行的，减少了对于货物的损伤，箱门紧闭，减少了货损货差；同时也能够避免天气对于装卸的影响（极其恶劣的天气除外）。请同学们根据所学知识，谈谈对集装箱的理解，并分组讨论浩海公司改用集装箱运输需要注意的事项，最后以小组为单位进行汇报。

任务知识

微课：
集装箱概述

一、集装箱基本概念

（一）集装箱的定义

集装箱（container）亦称"货箱"或"货柜"，是集装工具的最主要形式。根据国际标准化组织（ISO）对集装箱所下的定义与技术要求，我国最新修订的中华人民共和国国家标准《系列1集装箱——分类、尺寸和额定质量》（GB/T1413—2008）和中华人民共和国国家标准《集装箱术语》（GB/T1992—2006）中对集装箱进行了界定。根据该标准，集装箱应具备如下特点和技术要求：

（1）具有足够的强度，在有效使用期内可以反复使用；

（2）适于一种或多种运输方式运送货物，途中无须倒装；

（3）设有供快速装卸的装置，便于从一种运输方式转到另一种运输方式；

（4）便于箱内货物装满和卸空；

（5）内容积等于或大于1 m³。

我国最新修订的中华人民共和国国家标准《物流术语》（GB/T18354—2021）对集装箱的定义比较简单，认为"具有足够的强度，可长期反复使用的适于多种运输工具而且容积在1 m³以上（含1 m³）的集装单元器具"就是集装箱。

（二）集装箱的优点

（1）集装箱由于自身结构的特点决定了它的强度比较高，防护能力强，因此货损较小。

（2）集装箱自身具备小型储存仓库的功能，方便了运输保管，使用集装箱可以不再配置仓库、库房。

（3）集装箱便于垛放，节省占地面积，有利于充分利用空间。

（4）与其他集装设备相比，集装箱的集装数量较大，在散杂货的集装方式中，优势尤为明显。

（5）集装箱的标准化使之具备一系列的优点，便于对货物和承运设备做出规划；同时，采用通用设备也能简化工艺，提高装卸效率。

（三）集装箱的缺点

（1）集装箱的自重大，因此无效运输和装卸的比重就比较大，进而降低了物流效率。

（2）集装箱的自身造价高，限制了更为广泛的应用，同时也增加了物流成本。

（3）集装箱的空箱返回运输浪费了人力、物力，在每次物流运作中分摊成本较高。

二、集装箱的种类

（一）按照用途分类

1. 通用集装箱

通用集装箱又称杂货集装箱或者干货集装箱，是最常见的一种，占集装箱总数的70%~80%。通用集装箱可以用来装载除液体货物和需要调节温度的货物外的一般杂货，适用于装载对运输条件无特殊要求的各种不同规格的干杂货，可以进行成件的集装运输。这种集装箱的使用较为广泛，常用的有20 ft和40 ft两种，其结构常采用封闭防水式。通用集装箱开门形式有多种，有一端开门、两端开门、一端或两端开门再加一侧或两侧开门、部分开门或活顶等。通用集装箱如图6-1所示。

图6-1　通用集装箱

2. 专用集装箱

专用集装箱是为了适应特定货物的要求而采用特殊结构或设置专门设备的各类集装专用箱的总称。常见的专用集装箱有如下几种类型：

（1）保温集装箱。对于一些需要冷藏和保温的货物，出于运输和暂时保存的需要，集装箱内部装有温度控制设备，箱体也采用隔热保温材料或隔热保温结构。

① 冷藏集装箱。冷藏集装箱是专为运输途中要求保持一定温度的冷冻货物或低温货，如鱼、肉、新鲜水果、蔬菜等食品进行特殊设计的集装箱。目前，国际上采用的冷藏集装箱基本上分为两种：一种是集装箱内带有冷冻机的称为机械式冷藏集装箱，它能使经预冷装箱后的冷冻货物或低温货物通过冷冻机的供冷保持在一定的温度上进行运输。箱内温度可在−25~25 ℃之间调整；另一种是箱内没有冷冻机而只有隔热结构，即在集装箱端壁上设有进气孔，箱子装在舱内，由船舶的冷冻装置供应冷气的称为离合式冷藏集装箱。两种冷藏集装箱各有优缺点：运输时间长的，采用机械式冷藏集装箱较为合适；反之，运输时间短的，则采用离合式冷藏集装箱较好。冷藏集装箱如图6-2所示。

② 低温恒温集装箱。这种集装箱也称为隔热集装箱，能保持一定低温，保证

箱内物品能在低温下保质、保鲜而不使其冻结，一般在箱壁采用隔热材料，用于防止温度上升过快，以保持货物的新鲜度。低温恒温集装箱如图6-3所示。

图6-2　冷藏集装箱　　　　　　　　　　　图6-3　低温恒温集装箱

（2）通风集装箱。通风集装箱具有专门的通风窗口，为了适用于装载初加工皮货、带根的植物或蔬菜、食品及其他需要一定程度通风和防止潮湿的一般杂货。为有效地保证新鲜货物在运输途中不损坏和腐烂变质，则在侧壁或端壁设有4~6个通风窗口。为防止渗出物对箱体污染和便于洗涤，在箱的内壁涂一层玻璃纤维加强塑料。为了排除集装箱内部渗水，箱底必须设有放水旋塞。通风集装箱如图6-4所示。

（3）散货集装箱。散货集装箱是指适用于装载豆类、谷物、硼砂、树脂等各种散堆颗粒状粉末状物料的集装箱，可节约包装且提高装卸效率。散货集装箱是一种密闭式集装箱，有玻璃钢制和钢制两种。前者由于侧壁强度较大，一般用于装载麦芽和化学品等相对密度较大的散货；后者原则上用于装载相对密度较小的谷物。为便于清扫和洗刷，箱的内底板采用玻璃钢，侧壁的内衬板一般用刨平的木板。散货集装箱如图6-5所示。

图6-4　通风集装箱　　　　　　　　　　　图6-5　散货集装箱

（4）罐式集装箱。罐式集装箱适用于装运食品、酒品、药品、化工品等流体货物。罐式集装箱主要由罐式集装箱罐体和箱体框架两部分组成。箱体框架一般用高强度钢制成，其强度和尺寸应符合国际标准，角柱上装有国际标准角配件。罐体材料有钢和不锈钢两种，罐体外采用保温材料形成双层结构，使罐内液体与外界充分隔热。对装载随外界温度下降而增加黏度的货物，装卸时需加热，故在罐体的下部设有加热器，罐上设有温度计。罐上还设有水密的装货口。装货时，货物由液罐顶部的装货口进入；卸货时，货物由排出口凭借重力作用自行流出，或者由顶部装货口吸出。罐式集装箱如图6-6所示。

图6-6　罐式集装箱

（5）汽车集装箱。汽车集装箱是指专门为装运小型轿车而设计制造的集装箱。其结构特点是无侧壁，仅设有框架和箱底，可装载一层或两层小轿车。由于集装箱在运输途中常受各种力的作用和环境的影响，集装箱的制造材料要有足够的刚度和强度，应尽量采用质量轻、强度高、耐用、维修保养费用低的材料，并且既要保证材料价格低廉，又要便于携带。目前，世界上广泛使用的集装箱按其主体材料分为：钢质集装箱、铝质集装箱、不锈钢集装箱、玻璃钢质集装箱。汽车集装箱如图6-7所示。

图6-7　汽车集装箱

（6）机械及部件专用集装箱。机械及部件专用集装箱专门设计并用来装运某种机械部件，根据装运机械部件的种类不同，内部设有不同的支撑、防护、分割设备。目前，主要应用于发动机集装箱、煤矿机械零件集装箱、液压件专用集装箱。

（7）纤维、粉末集装箱。纤维、粉末集装箱主要是用来装运石棉、岩棉、矿棉等纤维产品的专用集装箱，没有什么特殊构造，主要是利用集装箱的高密封性防止纤维材料散失及污染。

（8）贵重金属集装箱。贵重金属集装箱主要用来装运铝材、铜材等一些贵重金属，这类物品的板材规格型号很多，又难以用其他方式集装。用集装箱装运，箱内设有不同尺寸的隔板，可装运多种尺寸的材料。同时，由于集装箱所具有的高保护性，可以防止贵重金属材料的丢失。

（9）动物集装箱。动物集装箱是为专门载运家禽和家畜而特别设计的，也称为围栏式或牲畜集装箱。动物集装箱设有饲料槽、清除口和排水口，门设在两端壁，采用钢框架，装有钢丝网，通风良好。动物集装箱如图6-8所示。

（10）挂衣集装箱。挂衣集装箱一般专用于装挂衣服，成套服装直接吊挂于集装箱内，不会褶皱。挂衣集装箱既可节省包装材料，又有利于保护衣服式样，故也称为服装专用集装箱。挂衣集装箱如图6-9所示。

图6-8　动物集装箱

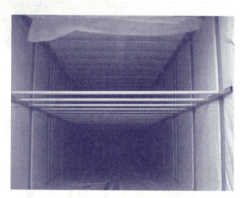

图6-9　挂衣集装箱

（二）按照集装箱箱体的构成材料分类

1. 铝合金集装箱

铝合金集装箱表面部件是用铝合金铆接而成的，具有重量轻、美观，以及能在空气中形成氧化膜而耐腐蚀的优点。其特点是重量轻，箱体尺寸小，但造价相对较高。铝合金集装箱主要适用于航空等运价较高但是对无效运载要求严格的运输方式。

2. 钢质集装箱

钢质集装箱是用钢材制成的，其特点是强度大，结构牢固，密封性能好，价格低，但重量大，防腐蚀性较差。钢质集装箱是目前采用最多的，绝大部分大型集装箱都是钢质集装箱。

3. 玻璃钢集装箱

玻璃钢集装箱是由玻璃纤维和树脂混合，添加适当的强塑剂后，胶附于胶合板两面而制成的集装箱。它具有强度高、刚性好、耐腐蚀和防止箱内结露等优点；其缺点是易老化。

4. 不锈钢集装箱

不锈钢集装箱主要由不锈钢构成，与钢质集装箱相比，它具有重量轻，防腐蚀性能高的特点。

（三）按照集装箱的箱体构造分类

1. 根据侧柱和端柱的位置可分为内柱式集装箱和外柱式集装箱

内柱式集装箱的侧柱和端柱设在箱壁内部，而外柱式集装箱恰恰相反。相对来说，内柱式集装箱表面平滑，受斜向外力不易损伤，涂刷标志方便，加内衬板后隔热效果更好；而外柱式集装箱外板不易损坏，可以省去内衬板。

2. 根据箱体构件的可组合性可分为折叠式集装箱和固定式集装箱

折叠式集装箱的主要部件能简单地折叠或分解，反复使用时可再次组合起来。而固定式集装箱正相反，各部件永久地固定组合在一起。目前主要使用的是后一种。

3. 根据集装箱的联结方式可分为预制骨架式集装箱和薄壳式集装箱

预制骨架式集装箱的外板用铆接或焊接方法与预制骨架连成一体，而薄壳式集装箱则类似于飞机结构，把所有构件连成一个刚体，这样构造的优点是重量轻，共同承受扭力而不会产生永久变形。目前主要使用的是后一种。

4. 根据集装箱内部构件的不同可分为抽屉式集装箱和隔板式集装箱

抽屉式集装箱的箱内由一定尺寸的抽屉组成，打开箱门后便可抽出。抽屉式集装箱一般是小型集装箱，主要用于装运仪器、仪表、武器、弹药等。隔板式集装箱的箱内由若干隔板分隔，隔板可以随意组合拆卸拼装，适用于装运需要分隔的物品。

（四）其他类型集装箱

1. 开顶集装箱

开顶集装箱也称为敞顶集装箱，是一种顶部可开启的集装箱。箱顶又分为硬顶和软顶两种，如图6-10所示。软顶是指用可拆式扩伸弓支撑的帆布、塑料布式涂塑布制成的顶篷；硬顶是指用一整块钢板制成的顶篷。开顶集装箱适用于装载大型货物、重型货物，如钢材、木材、特别是玻璃板等易碎的重货，其特点是吊机可从箱子上面进行货物装卸，既不易损坏货物，又便于在箱内将货物固定。

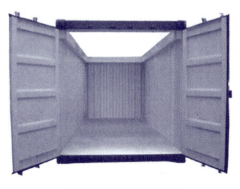

图6-10　开顶集装箱

2. 台架集装箱和平台集装箱

台架集装箱是指没有箱顶和侧壁，甚至连端壁也去掉，而只保留底板和四个角柱的集装箱，如图6-11所示。平台集装箱是指在台式集装箱上再简化而只保留底板的一种特殊结构的集装箱，如图6-12所示。此类集装箱的特点是：箱底较厚，箱底的强度比普通集装箱大，而其内部高度则比一般集装箱低。在下侧梁和角柱上设有系环，可把装载的货物系紧。台架集装箱没有水密性，不能装运怕湿的货物，适合装载形状不一的货物。

图6-11　台架集装箱

图6-12　平台集装箱

3. 框架集装箱

框架集装箱（见图6-13）没有顶和左右侧壁，箱端（包括门端和盲端）也可拆卸，货物可从箱子侧面进行装卸，适用于装载长大笨重器具，如钢材、重型机械等。框架集装箱的主要特点是密封性差，重量大。因普通集装箱采用整体结构，箱子所受重力可通过箱板扩散；而框架集装箱以箱底承受货物的重量，其强度要求很高。故其底部较厚，可供使用的高度较小。

图6-13　框架集装箱

三、集装箱的标准与标记

集装箱的标准化对于集装箱的发展具有非常重要的意义。为了适应经济全球化的发展，同时也为了有效地开展国际集装箱多式联运，必须加强集装箱标准化，应做好集装箱标准化的工作。集装箱的规格标准不仅与集装箱本身有关，而且与各运输设备、各装卸机具及相关的配套设施有关。集装箱按照使用范围分为国际标准集装箱、国家标准集装箱、地区标准集装箱和公司标准集装箱四种。

（一）集装箱的标准

为了便于集装箱在国际上流通，1964年，国际标准化组织（ISO）在汉堡会议上公布了两种集装箱的标准规格系列：第一系列（1A1F六种）和第二系列（2A2C三种），共九种规格。1967年，在莫斯科会议上增加了第三系列（3A–3C三种）集装箱。后来，第一系列又增加了1AA、1BB和1CC三种型号集装箱。

为了有效地开展国际集装箱多式联运，必须强化集装箱标准化，应进一步做好集装箱标准化工作。集装箱标准按照使用范围分类，有国际标准、国家标准、地区标准和公司标准四种。

1. 国际标准集装箱

国际标准集装箱是指根据国际标准化组织（ISO）第104技术委员会（ISO/TC104）制订的国际标准来建造和使用的国际通用的标准集装箱。

集装箱标准化历经了一个发展过程。国际标准化组织ISO/TC104技术委员会自1961年成立以来，对集装箱国际标准做过多次补充、增减和修改，现行的国际标准为第1系列，共13种规格，其宽度均一样（2 438 mm），长度有四种（12 192 mm、9 125 mm、6 058 mm、2 991 mm），高度有四种（2 896 mm、2 591 mm、2 438 mm、<2 438 mm）。

国际标准集装箱长度关系如下：

1A型40 ft（12 192 mm），1B型30 ft（9 125 mm），1C型20 ft（6 058 mm），1D型10 ft（2 991 mm），间距i为3 in（76 mm）；

$1A = 1B + i + 1D = 9\ 125 + 76 + 2\ 991 = 12\ 192$ mm；

$1B = 1D + i + 1D + i + 1D = 3 \times 2\ 991 + 2 \times 76 = 9\ 125$ mm；

$1C = 1D + i + 1D = 2 \times 2\ 991 + 76 = 6\ 058$ mm

2. 国家标准集装箱

各国政府参照国际标准并考虑本国的具体情况，制订本国的集装箱标准。现行中华人民共和国国家标准《集装箱外部尺寸和额定质量》（GB 1413—2008）中规定了集装箱各种型号的外部尺寸、极限偏差及额定质量。

3. 地区标准集装箱

此类集装箱标准，是由地区组织根据该地区的特殊情况制订的，地区标准集装箱仅适用于该地区。如根据欧洲铁路行业协会（UNIFE）制订的集装箱标准而建造的集装箱。

4. 公司标准集装箱

某些大型集装箱船公司，根据本公司的具体情况和条件而制订集装箱船公司标准，这类箱主要在该公司运输范围内使用。如美国海陆公司的35 ft集装箱。

此外，世界上还有不少非标准集装箱。如非标准长度集装箱有美国海陆公司的35 ft集装箱、总统轮船公司的45 ft及48 ft集装箱；非标准高度集装箱，主要有9 ft和9.5 ft两种高度集装箱；非标准宽度集装箱有8.2 ft宽度集装箱等。由于经济效益的驱动，世界上20 ft集装箱总重达24 t集装箱的越来越多，而且普遍受到欢迎。

（二）集装箱的标记

在国际贸易中，为了便于文件编制、业务管理和信息传输，国际标准化组织于1968年对集装箱的标记制订了标准。1969年10月，在ISO/TC104第6次大会上通过后正式使用。该标准在1973年和1981年先后进行了两次修订。

国际标准化组织规定的集装箱标记分为必备标记和自选标记两类。每一类标记中又分为识别标记和作业标记。

1. 必备标记

（1）识别标记。包括箱主代号和顺序号。箱主代号即集装箱所属公司的代号；顺序号又称箱号，起到核对数字的作用。

集装箱箱主代号由四个大写的拉丁字母表示，前三位由箱主自己规定。第四个字母为设备识别代号，用1位大写拉丁字母表示，U表示常规集装箱，J表示带有可拆卸设备的集装箱，Z表示集装箱拖车和底盘车。如中国远洋运输（集团）公司的箱主代码为COSU。

（2）作业标记。包括额定重量和自重标记、空陆水联运集装箱标记和登箱顶触电警告标记。

（3）额定重量和自重。额定重量实际上应为额定质量，自重应为空箱质量，由于商业上的使用习惯，现仍然称为重量。额定重量是集装箱的最大工作总重量，简称总重。集装箱的额定重量和自重应按ISO 668的规定标记，并要求以千克（kg）和磅（Ib）同时表示。例如："CN22G1"，其中CN为集装箱登记所在国的代号（中国），"22G1"为集装箱尺寸与类型代号，"22"表示箱长为20 ft（6 068 mm），箱宽为8 ft（2 438 mm），箱高为8ft6in（2 591 mm）；"G1"表示上方有透气罩的通用集装箱。

2. 自选标记

（1）识别标记。包括国家代号、尺寸和类型代号。

① 国家和地区代号。集装箱所使用的国家和地区代号应按ISO 3166所确定的两个字母代号表示。

② 尺寸和类型代号。集装箱的尺寸和类型代号，由四个阿拉伯数字组成，前

两位数字表示尺寸，后两位数字表示类型。

（2）作业标记。包括超高标记和国际铁路联盟标记。标记的字体尺寸除总重和自重字体高度不低于50 mm（2 in）外，其余都不应低于100 mm（4 in）。所有字体的宽度和笔画粗细，应有适当的比例。字迹应当鲜明、耐久，并使用不同于集装箱本身的颜色。

集装箱顺序号又称箱号，它由六位阿拉伯数字组成，当有效数字不足六位时，则在有效数字前用"0"补足六位。

核对号是箱主代号和顺序号中的每一个数字，通过一定方式换算而得的。

任务二
集装箱操作与管理

导入任务

根据任务一的分析，浩海国际主要经营的商品包括进口牛奶、饮料、生活用纸等快消品，这些商品进口后再进行分装销售，需要选择合适的集装箱。根据实际情况，结合所学知识，能够对不同商品选择合适的集装箱类别，并了解选用的集装箱的操作与日常管理。

任务知识

一、集装箱的操作

（一）装箱前检查

根据货物的种类、特性、包装、重量和运输过程等确定适当的集装箱箱型后，要对货物的堆码和集装箱进行检查，内容包括：集装箱的外部检查、集装箱的内部检查、箱门与附件的检查、集装箱的清理。

1. 集装箱的外部检查

集装箱的外部检查主要是看其外表有无损伤，如发现有弯曲、凹痕、擦伤等痕迹时，应在其损伤周围和内侧进行仔细检查；铆钉是否松动和断裂；经过修理之后的地方也需要进行检查；板壁凹损应不大于30 mm，任何部件凸损不得超过角配件的外端面。通用集装箱检查项目及要求如表6-1所示。

微课：
集装箱操作
与管理

表6-1 通用集装箱检查项目及要求

检查项目	判定要求	检查方式和要求
外观标识	集装箱标识完整清晰 集装箱铭牌完整清晰	人工检查，符合中华人民共和国国家标准《集装箱代码、识别和标记》（GB/T1836—2017）要求人工检查，符合集装箱运营检验要求
外观质量	框架结构完整，无破损、变形 壁板无破损、变形不超限 箱门、装货口、卸货口结构完整，无破损、变形 箱门锁杆等配件无破损、变形 箱门胶条、通风器无损坏，箱体密封性能完好 角件结构完整，无开裂、变形	人工检查，符合中华人民共和国国家标准《钢质通用集装箱修理技术要求》（GB/T12418—2001）
安全卫生	箱体内部清洁、干燥、无异味 确认装箱货物不具易燃、爆炸等性质	人工检查，根据货物种类判定

2. 集装箱的内部检查

集装箱的内部检查是指箱门关闭后，在其内部查看有无漏光和水湿痕迹，判断其有无破孔现象；检查内表面有无凸出物。

3. 箱门与附件的检查

箱门与附件的检查包括：箱门应完好，能够做270°开启，栓锁完好。对于集装箱附件，主要检查固定货物用的环、眼的安装状态，开顶集装箱专用布篷有无破损和安装用索具的状态，板架集装箱上的侧立柱、通风集装箱和冷冻集装箱的通风孔、闭锁装置和排水阀的状态是否处于正常状态。

4. 集装箱的清理

集装箱的清理主要包括：除潮、除湿、除臭、除污染、除检疫对象的残物。如不符合要求，要进行清洁处理，直至达到要求方能装箱。

（二）各种装箱货体的操作

1. 纸箱货的装箱操作

纸箱是集装箱货物中最常见的一种包装物，一般用于包装比较精细和质轻的货物。

（1）纸箱的装载和固定。

① 装箱时要从箱里往外装，或从两侧往中间装。

② 在横向产生250~300 cm的空隙时，可以利用上层货物的重量把下层货物压住，最上层货物一定要塞满或加以固定。

③ 如果所装的纸箱很重，那么在集装箱的中间层就需要适当地加以衬垫。

④ 箱门端留有较大的空隙时，需要利用方形木条来固定货物。

⑤ 装载小型纸箱货时，为了防止塌货，可采用纵横交叉的堆装法。

（2）一般注意事项。

① 对同一尺寸的大型纸箱装箱，当空隙大于10 cm时，货物就需要根据具体情况加以固定。

② 如果不同尺寸的纸箱混装，则应将大小纸箱合理搭配，做到紧密混装。

③ 拼箱的纸箱货应进行隔票。隔票时可使用纸、网、胶合板、垫货板等材料，也可以用粉笔、带子等标注记号。

④ 纸箱货不足以装满一个集装箱时，应注意纸箱的堆装高度，以满足使集装箱底面占满的要求。

2. 木箱货的装箱操作

木箱的种类繁多，尺寸和重量各异。木箱装载和固定时应注意的问题有：

（1）装载比较重的小型木箱时，可采用骑缝装载法，使上层的木箱压在下层两个木箱的接缝上，最上一层的木箱必须加以固定或塞紧。

（2）装载小型木箱时，如箱门端留有较大的空隙，则必须利用木板和木条加以固定或撑紧。

（3）当重心较低的重、大木箱只能装一层且不能充分利用箱底面积时，应装在集装箱的中央，底部横向必须用方形木条或木块加以固定。

（4）对于重心高的木箱，仅靠底部固定是不够的，还必须在上面用木条撑紧。

（5）装载特别重的大型木箱时，经常会形成集中负荷或偏心负荷，必须有专用的固定设施，以防货物与集装箱前后端壁接触。

（6）装载框箱时，通常是使用钢带拉紧，或用具有弹性的尼龙带或布带代替钢带。

3. 货板货的装箱操作

货板上通常装载纸箱货和袋装货。纸箱货在上下层之间可用粘贴法固定，袋装货的货板货要求袋子的尺寸与货板的尺寸一致。货板在装载和固定时应注意的问题有：

（1）货板的尺寸如在集装箱内横向只能装一块时，则货物必须放在集装箱的中央，并用纵向垫木等加以固定。

（2）装载两层以上的货板时，无论空隙在横向或纵向，底部都应用档木固定，而上层货板货还需要用木条塞紧。

（3）如货板数为奇数时，则应把最后一块货板放在中央，并用绳索通过系环拉紧。

（4）货板货装载板架集装箱时，必须使集装箱前后、左右的重量平衡。装货后应用带子把货物拉紧，货板货装完后，集装箱上应加罩帆布或塑料薄膜。

（5）袋装的货板货应根据袋包的尺寸，将不同尺寸的货板搭配起来，以充分利用集装箱的容积。

4. 捆包货的装箱操作

捆包货包括纸浆、板纸、羊毛、棉花、棉布、其他棉织品、纺织品、纤维制品，以及废旧物料等。平均每件货物的重量和容积通常比纸箱货和小型木箱货大。

一般用杂货集装箱装载。捆包货在装载和固定时应注意的问题有：

（1）捆包货一般可横向装载或竖向装载，此时可充分利用集装箱箱容。

（2）捆包货装载时一般都要用厚木板等进行衬垫。

（3）用粗布包装的捆包货，一般比较稳定，因此不需要加以固定。

5. 袋装货的装箱操作

袋包装的种类有麻袋、布袋、塑料袋、纸袋等，主要装载的货物有粮食、咖啡、可可、肥料、水泥、粉状化学品等。装箱完毕后，最好在货物顶部铺设防水遮盖物。袋装货在装载和固定时应注意的问题有：

（1）袋装货一般容易倒塌和滑动，可用粘贴剂粘固，或在袋装货中间插入衬垫板和防滑粗纸。

（2）袋包装一般在中间呈鼓凸形，常用的堆装方法有砌墙法和交叉法。

（3）为防止袋装货因堆装过高而有塌货的风险，所以需要用系绑用具加以固定。

6. 滚动货的装箱操作

卷纸、卷钢、钢丝绳、电缆、盘元等卷盘货，塑料薄膜、柏油纸、钢瓶等滚筒货，以及轮胎、瓦管等均属于滚动类货物。滚动货装箱时一定要注意消除其滚动的特性，做到有效、合理的装载。

（1）卷纸类货物的装载和固定。卷纸类货物原则上应竖装。只要把靠近箱门口的几个卷纸与内侧的几个卷纸用钢带捆在一起，并用填充物将箱门口处的空隙填满，即可将货物固定。同时，应保证卷纸两端的截面不受污损。

（2）盘元的装载和固定。盘元是一种只能用机械装载的重货，一般在箱底只能装一层。最好使用井字形的盘元架。大型盘元还可以用直角系板、夹件等在集装箱箱底进行固定。

（3）电缆的装载和固定。电缆是绕在电缆盘上进行运输的，装载电盘时也应注意箱底的局部强度问题。大型电缆盘在集装箱内只能装一层，一般使用支架以防其滚动。

（4）卷钢的装载和固定。卷钢虽然也属于集中负荷的货物，但是热扎卷钢一般都比电缆轻。装载卷钢时，一定要使货物之间互相贴紧并装在集装箱的中央。对于重 3 t 左右的卷钢，除了可用钢丝绳或钢带通过箱内系环将卷钢系紧外，还应在卷钢之间用钢丝绳或钢带连接起来；对于重 5 t 左右的卷钢，还应再用方形木条加以固定。固定时通常要使用钢丝绳，以防断裂。

（5）钢瓶的装载和固定。钢瓶原则上也要求竖装，但应注意不使其翻倒。如集装箱内全部装满，则不需要特别加以固定，只需把箱门附近的几个钢瓶用绳索捆紧。

（6）轮胎的装载和固定。普通卡车用的小型轮胎可以竖装或者横装。横装时比较稳定，不需要特别加以固定。大型轮胎一般以竖装为多，应根据轮胎的直径、厚度来研究其装载方法，并加以固定。

7. 桶装货的装箱操作

桶装货一般包括各种油类、液体、粉末状的化学品、酒精、糖浆等，其包装形式有铁桶、木桶、塑料桶、胶合板桶和纸板桶5种。除了桶口在腰部的传统鼓形木桶外，桶装货在集装箱内均以桶口向上的竖立方式堆装，应注意桶的外形尺寸，并根据具体尺寸决定堆装方法，使其与箱型尺寸相协调。

（1）铁桶的装载和固定。集装箱运输中以0.25 m³（5加仑）的铁桶最为常见。这种铁桶在集装箱内可堆装两层，每一个20型集装箱内一般可装80桶。装载时要求桶与桶之间要靠紧，对于桶上有凸缘的铁桶，为了使彼此之间的凸缘错开，每隔一层要垫一块垫高板，装载第二层时同样要垫上垫高板，而不垫垫高板的这一层也要垫上胶合板，使上层的桶装载稳定。

（2）木桶的装载和固定。木桶一般呈鼓形，两端有铁箍，原则上要求横向装载。在两端要垫上木楔，木楔的高度要使桶中央能离开箱底，减少桶的腰部受力。

（3）纸板桶的装载和固定。纸板桶的装载方法与铁桶相似，但其强度较弱，故在装箱时应注意不能使其翻倒而产生破损。装载时必须竖装，装载层数要根据桶的强度而定，有时要有一定的限制。上下层之间一定要插入胶合板作衬垫，以便使负荷分散。

8. 各种车辆的装箱操作

可用集装箱装载小轿车、小型货车、各种叉式装卸车、推土机、压路机和小型拖拉机等。很少用杂货集装箱装小轿车，为了有效利用集装箱的箱容，通常用冷冻集装箱和动物集装箱。对于各种装卸车、拖拉机、推土机及压路机等，常用板架集装箱来装载。

（1）小型轿车和货车的装载和固定。小型轿车和货车一般都采用密闭集装箱装载。固定时利用集装箱上的系环把车辆拉紧，然后再用方形木条订成"井"字形木框垫在车轮下面，防止车辆滚动，同时应在轮胎与箱底或木条接触的部分用纱头或破布加以衬垫。但也可按照货主要求，不垫方形木条，只用绳索拉紧即可。利用冷冻箱装载时，可用箱底通风轨上的孔眼拉紧。

（2）各种叉式装卸车的装载和固定。装载叉式装卸车时通常都把货叉取下后装在箱内，装箱时，在箱底铺设衬垫，固定时要用纱头或破布将橡胶轮胎保护起来，并在车轮下垫塞木楔或方形木条，最后要利用板架集装箱箱底的系环，用钢丝绳系紧。

（3）推土机和压路机的装载和固定。推土机和压路机每台重量很大，一般一个板架集装箱内只能装一台。通常都采用吊车从顶部装载，装载时必须注意车辆的履带是否装在集装箱下侧梁上，箱底一定要衬垫厚木板。

（4）拖拉机和其他车辆类货物的装载和固定。小型拖拉机横向装载时可使其装载量增加。对箱底要进行衬垫，以分散其负荷，并要用方形木条、木楔以及钢丝绳等进行固定。

9. 特殊货物的装载

（1）超尺寸货物和超重货物的装载。所谓超尺寸货物，是指尺寸超过了国际标准集装箱尺寸的货物。超重货物是指装箱货物重量超过集装箱最大总重的货物。

① 超高货的装载。20 ft 集装箱的箱门有效高度为 2 100～2 154 mm，超高货应采用敞顶集装箱或台架集装箱。船舶装载集装箱，应堆放在舱内最上层或甲板最高层，还要视船舶的具体情况而定。超高货通过陆上运输时，应注意高速公路和隧道的高度限制。码头及堆场装卸作业对超高货应采取安装一定附属工具等措施，以利于装卸作业的顺利进行。

② 超宽货的装载。装载超宽货一般采用台架集装箱，允许超过150 mm 以内的超宽货与普通集装箱一样装在舱内。装载时必须充分注意货物的横向固定问题，在一定容许的超宽范围内，超宽箱可以在舱内正常装载。

③ 超长货的装载。超长货不能在箱格结构的集装箱船上装载，只能装在甲板上，超长货宜采用台架集装箱，且超长量不宜大于 1 ft。

④ 超重货的装载。国际标准化组织规定 20 ft 集装箱的最大总重为 24 t，40 ft 集装箱的最大总重为 30.48 t。因此在装箱时，绝不能使装货后的总重超过上述规定值，否则就难以保证集装箱的安全运输和装卸。

（2）液体货物的装载。采用罐式集装箱运输液体货物时应注意以下事项：

① 罐体材料、结构、性能及罐内涂料是否适用于装载该种液体货物。

② 应查明罐容量和允许装载量的比例与货物密度是否接近或一致。如货物密度较大，装载半罐时，在装卸和运输过程中有损罐的危险。

③ 应查明液体货物在灌入或排出集装箱时是否有必要的设备，这些设备与罐式集装箱上的阀门等是否配套。

④ 应检查安全阀的状态是否良好，要了解货物在运输中或排出时是否需要加热，以提高温度。

⑤ 应了解与液体货有关的国家法规是否对其有限制。

（3）冷冻货物的装载。冷冻货物是指运输温度一般在 −20～−6℃的货物。其温度视不同货物而异，目的是保持货物的鲜度。冷冻货物采用冷藏集装箱运输，在装箱之前，应对集装箱和货物进行认真检查。

① 集装箱的技术状态是否良好，冷却能力是否达到要求，箱内是否清洁。

② 应对集装箱及垫货材料进行预冷，并检查温度与所装货物是否适宜。

③ 货物装箱时，应检查货物本身是否已经预冷到指定的温度，并检查货物是否堵塞冷气通道。装载冷冻货物时，集装箱的通风口必须关闭，形成气密。

④ 冷冻货物不宜混装，如混装则要征求货主的意见，并按照严格的方法保证货物之间不会引起污损。

（4）动植物检疫货物的装载。动物检疫的对象通常是马、牛、羊等家畜及其制品（皮、毛、肉、腊肠等）；植物检疫的对象通常是各类水果、蔬菜、木材和草制品等。对家畜运输，一般采用动物集装箱。装载时应注意以下事项：

① 应安放在甲板上遮风避浪的地方。为了便于航行中清扫和喂料，动物集装箱的周围应留出适当空间。

② 一般在甲板上仅堆放一层。

③ 对于畜产品，一般采用兽皮集装箱或通风集装箱装载。运输途中应注意防止日晒、受热，适宜装在受外界气温影响较小的地方。

④ 对于需经检疫的植物，可采用杂货集装箱、通风集装箱等装载。对于动植物检疫货物而言，必须经过检疫合格后方准进口，否则，应进行熏蒸、消毒，甚至就地处理。

（5）危险货物的装载

装载危险货物应根据目的港的有关规定进行装箱。在装卸危险货物时，应了解货物的性质、危险等级、标志、装载方法等，严格按照国际危险货物的有关规定执行。装载危险货物的集装箱上，至少应有4幅尺寸不小于250 mm×250 mm的危险品类别标志牌贴在箱体外部4个侧面的明显位置。已发生货损的危险货物一律不得装箱，不同类型的危险货物禁止混装于同一集装箱；装载时，应防止危险货物在箱内移动、翻倒、摩擦、压坏等；集装箱卸完后，应采取措施使集装箱不具备危险性，并去掉危险品标志。

（三）集装箱装箱后的注意事项

货物装满关上箱门前应检查箱门密封垫是否处于良好状态，以防止潮气进入箱内损坏货物。装箱完毕后，应采取合适的方法进行固定并关闭箱门。如加固时使用木材，且进口国（如澳大利亚、新西兰等）对木材有熏蒸要求，则必须经过熏蒸处理并在箱体外表明显处标注有关部门出具的证明；箱门关闭后要密封；需要理货的集装箱在装箱全过程中，应由理货公司派员如实记载货物状况，做好理货单据，并施加理货封志；国际运输的集装箱装载时，应请海关派员监装，装箱完毕后应施加海关封志；装箱完毕后，装箱人应制作装箱单（一箱一份），如实说明箱内装载货物的名称、件数、包装及标志等内容。

二、集装箱的管理

（一）集装箱管理的内容

集装箱的管理主要包括三个方面：一是指集装箱船公司或其代理，对于集装箱在运输过程中的调度、分派、分配和使用的跟踪管理；二是指对集装箱的起租、退租、修理、保险、报失以及其他有关集装箱业务的跟踪记录；三是指协调各地区货源箱管理，合理调配货箱，以提高集装箱的使用效率，加快周转率，最大限度地降低运输成本，减少或避免集装箱的呆滞、残损和丢失。

只有准确及时地做好以上工作才能为集装箱的正常运输提供最佳服务。对于任何一家全球集装箱船公司来说，在集装箱管理上，通常应采用从全球调配和管理（箱管中心）、区域调配和管理（如分为亚太地区、北美地区等）、国家的调配和管理到各个港口的调配和管理的集中统一模式。各级箱管要对上一级箱管负责，及时沟通货源、箱量及增减趋势，并要服从箱管的宏观调控，以利于各地区箱货的平衡。

港口的基层箱管是指从集装箱进港到集装箱出港，分为进港前准备、重箱进港、空箱进港、堆场管理、空箱使用、空箱出口、起租和退租。

1. 进港前的准备

在集装箱船舶尚未进港前，该船的集装箱情况便由上一级箱管或该船发运港箱管通过电脑、传真或电传的方式通知卸货港箱管。上面记载了该船所载全部集装箱的箱号、尺箱归属（指集装箱的所有人）、空箱重箱等情况，有的还注明各箱的收货人、货物、数量和重容。卸货港箱管根据上述通知便可及时了解即将到港的集装箱情况，以便做出具体安排，录入电脑，打印进口设备交接单，并通知各环节的箱管人员，按照统一调度做好相关工作。

2. 重箱进港

重箱进港交接方式可分为整箱交接和拆箱交接。无论采用哪种交接方式，收货人均需持海运提单到船公司或其代理的进口调度部门换取，整箱提单的收货人要向箱管交纳集装箱以开具放箱单和进口设备交接单，然后凭以提箱和提货。各地区根据集装箱种类的不同，规定了不同的押金标准。拼箱提单的集装箱由港方在卸船后直接转入指定的堆场后方能进行拆箱和放货，拆后的空箱由箱管码头调度安排调回箱管指定的堆场。整提的集装箱又分汽运整提和火车发运整提，收货人将整箱提到自己的仓库或工厂拆箱。拆后由收货人负责将箱送回箱管指定的堆场，如超出免费使用天数，还应扣除滞箱费才能取回剩余的押金。一般杂货箱的免费存放期为10天，凡超过10天免费期以后收取箱费。

3. 空箱进港

空箱进港多为上一级箱管作为宏观调配平衡箱量而安排的。一般由箱管码头调度按规定向海关申报，通关后提箱至指定的堆场备用。

4. 堆场管理

无论是整箱、拼箱还是空箱，最终要安排到一个指定的堆场进行存放。堆场在货箱进出时都要进行检验，并与还箱人或拆箱人会签设备交接单，以便分析、分清货箱残损责任，以便箱管索赔。集装箱的码放一般按照箱属分类，如按排、行、高，进行箱位记录，以便管理和使用。堆场管理应严格服从箱管的统一调度，按照"先进先出"的原则，合理派放货箱，有修箱能力的堆场还要负责集装箱的维修和保养。

5. 空箱使用

发货人或其货运代理人到船公司或其代理处进行订舱装载，分为箱站装箱和自提装箱两种方式。箱管根据各箱站装箱的货量安排好空箱量，以备装载货物。箱站装箱后按统一规定集中箱货。自提箱的发货人需要向箱管交纳集装箱使用押金，由箱管开具提箱单，发货人凭提箱单到指定堆场提取货箱，并自行安排到工厂或仓库装箱后发回堆场或自行集港。重箱出口箱结装的重箱及自装箱按规定集港装船后，港口箱管根据出口舱单，按目的港、箱号、箱型、尺箱属性制作"出口单"，发送给上一级箱管或卸货港箱管代理。

6. 空箱出口

箱管根据上一级箱管平衡箱量的安排，将空箱装载，申报通关集港后，装上出口方指定的港口。

7. 起租和退租

有时，上一级箱管为了缓解某地箱源紧张的情况或使货箱平衡，减少货箱不必要的呆滞，降低费用成本，需向租箱公司起租或还租一部分货箱。取得租箱公司的租约号、放箱号和退租号后，由当地箱管具体安排运力，提箱或者还箱。

（二）集装箱管理的特点

集装箱管理旨在针对集装箱运输中各个环节的集装箱运转动态，及时掌握信息，进行合理调度和调配。由此我们总结出集装箱管理具有如下四个特征：

1. 统一性

集装箱管理需要高度的统一调控，因为只有按照统一的调度安排才能使纷杂的集装箱装运程序有条不紊，才能做到从大局着眼的箱货平衡，才能有利于加快货箱周转，提高使用效率。

2. 法制性

集装箱管理的纷杂特征决定了它的管理具有法制性，既要对内加强统一调度，又要对外做好集装箱的分配和使用的约束力，做好集装箱的交接、检验，分清责任，以避免减少货箱呆滞、残损和丢失。

3. 合作性

集装箱管理更加侧重合作服务。各船公司、各代理、各地区为了使集装箱安全有序地使用，需要加强合作，促进集装箱管理的网络化和协调统一。

4. 信息性

各地区箱管一方面要及时掌握货箱动态信息；另一方面又要做好本地区箱货平衡，搜集和分析货源箱量增减趋势信息，做好信息分析和研究，及时向上级箱管通报箱货情况，以便做好趋势预测和地区总体箱货平衡。

同步测试

一、单选题

1. 发货人或其货运代理人到船公司或其代理处进行订舱装载，分为（   ）。

   A. 箱站装箱　　　　　　　　　　B. 自提装箱

   C. 箱站装箱和自提装箱　　　　　D. 以上都不正确

2. 在取得租箱公司的租约号、放箱号和退租号后，由（   ）具体安排提箱或者还箱。

   A. 当地箱管　　　　　　　　　　B. 承运人

   C. 货主　　　　　　　　　　　　D. 代理商

3. 上一级箱管作为宏观调配平衡箱量而安排的是（   ）。

   A. 重箱进港　　　　　　　　　　B. 空箱进港

   C. 整箱进港　　　　　　　　　　D. 拼箱进港

4. 在核算海运费时，出口商首先要根据报价数量算出（   ）。

   A. 产品净重　　　　　　　　　　B. 产品数量

   C. 产品重量　　　　　　　　　　D. 产品体积

5. 对集装箱的管理，理解正确的是（   ）。

   A. 对集装箱在运输过程中的调度、分派、分配和使用的跟踪管理

   B. 协调各地区货源箱管理

   C. 各级箱管要对上一级箱管负责

   D. 以上都是

二、多选题

1. 集装箱的特点包括（   ）。

   A. 具有足够的强度　　　　　　　B. 途中无须倒装

   C. 内容积等于或大于 $1\ m^3$　　　D. 设有供快速装卸的装置

2. 通用集装箱又被称为（   ）。

   A. 散货集装箱　　　　　　　　　B. 保温集装箱

   C. 铝合金集装箱　　　　　　　　D. 通风集装箱

3. 集装箱按使用范围分为（   ）。

   A. 国际标准　　　　　　　　　　B. 国家标准

   C. 地区标准　　　　　　　　　　D. 公司标准

4. 集装箱的外部检查主要包括（   ）。

A. 外表   B. 铆钉

C. 凹损   D. 内侧

5. 集装箱装箱后的注意事项主要包括（   ）。

A. 必须经过熏蒸处理

B. 箱门密封垫是否处于良好状态

C. 采取合适的方法进行固定并关闭箱门

D. 由理货公司派员如实记载货物状况

三、判断题

1. 集装箱的缺点之一是返空难。（   ）

2. 台架式集装箱没有箱顶和侧壁。（   ）

3. 国际标准化组织规定的集装箱标记有必备标记和自选标记两类。必备标记又分识别标记和作业标记。（   ）

4. 重箱进港的交接方式只能整箱交接。（   ）

5. 堆场管理只要提高作业效率，不需要按照先进先出的原则。（   ）

项目实训

参观物流公司，认识集装箱

实训目的：

通过现场参观和背景案例分析，了解当前物流企业的集装箱运输系统，判断集装箱的种类。能够熟悉集装箱租赁的方式，掌握集装箱租赁的业务流程，能够进行相关案例分析。

实训形式：

小组形式。

实训内容：

（1）参观X物流公司，认识集装箱，了解集装箱运输系统。

（2）了解集装箱租赁的业务流程和要求。

（3）分组。

实训要求：

通过调研和案例分析，要求各小组对物流企业的集装箱运输系统有一个初步的认识，完成分析报告，且答辩语言组织流畅。

项目七

物流信息作业设备

知识目标
- 了解物流信息作业设备在整个物流系统中的关键作用
- 了解各种物流信息作业设备的工作原理
- 掌握现阶段主流物流信息作业设备的操作规范
- 理解物流信息作业设备的技术变革和对物流系统的意义

技能目标
- 能够科学选用现阶段主流物流信息作业设备
- 能够规范操作基本的射频识别设备
- 能够为企业根据需求合理设计物流信息作业设备应用方案

素养目标
- 通过了解各种物流信息作业设备的工作原理，充分认识科学技术是第一生产力
- 通过学习各种物流信息作业设备的操作，培养学生规范严谨的职业素养
- 通过学习我国物流信息作业设备的技术变革，体会我国物流信息技术研发和应用方面的重大进步，激发学生的民族自信心和职业自豪感

思维导图

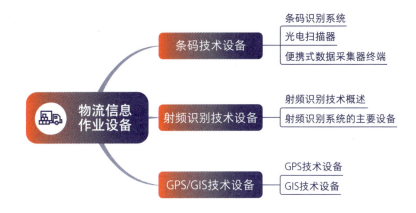

项目背景

　　晨昊公司是一家快速发展中的制造型企业，在仓库管理方面遇到了一些困惑。随着公司规模扩大及物料数量增加，晨昊公司物流管理的压力和风险日益增加，主要表现在由于仓库没有使用任何仓储物流软件，所有的物料记录都是通过手工登记物料的名称、数量、规格、出入库日期等信息，手工记录工作量非常大，数据的及时性和准确性完全依赖于仓库管理员的工作责任心。另外，该公司的客户基本上都采用条码系统管理物料。

任务一
条码技术设备

导入任务

　　该公司的原物料种类达4 000多种，成品400多种，由10个仓库管理员分片区管理。物料收料后先用A4纸标记物料信息，进出库时登记料卡、填写料单，再录入计算机的电子表格中。请同学们根据所学知识，谈谈对条码识别系统的理解，并分组讨论任务中的企业应如何解决物流仓库管理问题，最后以小组为单位进行汇报。

任务知识

一、条码识别系统

（一）条码识别系统结构

条码符号是图形化的编码符号。对条码符号的识别要借助一定的专用设备，将条码符号中含有的编码信息转换成计算机可识别的数字信息。从系统结构和功能角度分析，条码识别系统由扫描系统、信号调整、译码组成，如图7-1所示。

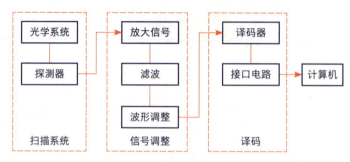

图7-1　条码识别系统组成

1. 扫描系统

扫描系统由光学系统及探测器即光电转换器件组成。它完成对条码符号的光学扫描，并通过光电探测器，将条码条空图案的光信号转换成为电信号。

2. 信号调整

信号调整由信号放大、滤波和波形调整组成。它的功能在于将条码的光电扫描信号处理成为标准电位的矩形波信号，其高低电平的宽度和条码符号的条空尺寸相对应。

3. 译码

译码一般由嵌入式微处理器组成。它的功能是对条码的矩形波信号进行译码，其结果通过接口电路输出到条码应用系统中的数据终端。

（二）条码识别系统组成

1. 光源

由于条码符号空反差均针对630 mm附近的红光而言，条码扫描器的扫描光源一般包括较大的红光成分或者近红外光。扫描器所选用的光源种类很多，主要有半导体光源和激光光源，也有选用白炽灯、闪光灯等光源的。

2. 光电转换接收器

光电转换接收器收到的光信号需要经光电转换器转换成电信号。手持枪式扫描识别器的信号频率为几十kHz到几百kHz。一般采用硅光电池、光电二极管和光电三极管作为光电转换器件。

3. 放大、整形与计数

全角度扫描识别器中的条码信号频率为几MHz到几十MHz，如图7-2所示。全角度扫描识别器一般都是长时间连续使用，为了使用者安全，要求激光源出射能量较小，因此最后接收到的能量较弱。为了得到较高的信噪比（这由误码率决定），通常都采用低噪声的分立元件组成前置放大电路来低噪声地放大信号。

由于条码印刷时的边缘模糊性，更主要是因为扫描光斑的大小有限以及电子线路的低通透性，致使得到的信号边缘模糊，通常称为"模拟电信号"。这种信号还需经整形电路尽可能准确地将边缘恢复出来，变成通常所说的"数字信号"。

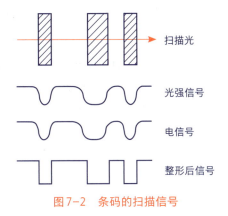

图7-2 条码的扫描信号

4. 译码器

条码是一种光学形式的代码。它不是利用简单的计数来识别和译码，而是需要利用特定方法来识别和译码。译码包括硬件译码和软件译码。硬件译码通过译码器的硬件逻辑来完成，译码速度快，但灵活性较差。为了优化结构和提高译码速度，现已研制了专用的条码译码芯片，并且已经在市场上销售。软件译码通过固化在ROM中的译码程序来完成，灵活性较好，但译码速度较慢。实际上，每种译码器的译码都是通过硬件逻辑与软件共同完成的。

5. 通信接口

目前，常用条码识别器的通信接口主要有USB接口和串行接口。USB接口是连接计算机与外界设备的一种串口总线标准，也是一种输入输出接口的技术规范，支持即插即用及热插拔功能，也是目前最常用的条码识别器通信接口方式。串行接口扫描条码得到的数据由串口输入，需要驱动或直接读取串口数据，以及外接电源。由于通信接口操作较复杂，逐渐被USB接口所替代。

二、光电扫描器

（一）光电扫描器的类型

光电扫描器由条码扫描器和译码器两部分组成。现在，绝大部分的光电扫描器都将扫描器和译码器集成为一体。人们根据不同的用途和需要设计了各种类型的光电扫描器。

1. 按照扫描方式分类

光电扫描器从扫描方式上可分为接触式光电扫描器和非接触式光电扫描器。

（1）接触式光电扫描器包括光笔与卡槽式条码扫描器。

（2）非接触式光电扫描器包括CCD扫描器与激光扫描器。

2. 按照操作方式分类

光电扫描器从操作方式上可分为手持式条码扫描器和固定式条码扫描器。

（1）手持式条码扫描器应用于许多领域，特别适用于条码尺寸多样、识别场合复杂、条码形状不规整的应用场合。在这类扫描器中有光笔、激光枪、手持式全向扫描器、手持式CCD扫描器和手持式图像扫描器。

（2）固定式条码扫描器扫描识别不用人手把持，适用于省力、人手劳动强度大（如超市的扫描结算台）或无人操作的自动识别应用场合。固定式扫描器有卡槽式扫描器、固定式单线、单方向多线式（栅栏式）扫描器、固定式全向扫描器和固定式CCD扫描器。

3. 按照识别码制的能力分类

光电扫描器从原理上可分为光笔、卡槽式条码扫描器、激光条码扫描器和图像式条码扫描器。光笔与卡槽式条码扫描器只能识别一维条码。激光条码扫描器只能识别行排式二维码（如PDF417码）和一维码。图像式条码扫描器可以识别常用的一维条码，还能识别行排式和矩阵式的二维条码。

4. 按照扫描方向分类

光电扫描器从扫描方向上可分为单向条码扫描器和全向条码扫描器。其中全向条码扫描器又分为平台式全向扫描器和悬挂式全向扫描器。悬挂式全向扫描器是从平台式全向扫描器中发展而来的，如图7-3所示。这种扫描器也适用于商业POS系统以及文件识别系统。识别时可以手持，也可以放在桌子上或挂在墙上，使用时更加灵活方便。

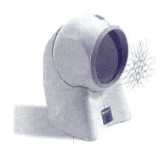

图7-3　悬挂式全向扫描器

（二）常用的光电扫描器

常用的光电扫描器包括激光枪、CCD扫描器、光笔与卡槽式扫描器、全向扫描平台和图像式条码扫描器。

1. 激光枪

激光枪属于手持激光扫描器。激光枪的扫描动作通过转动或振动多边形棱镜等光装置实现。手持激光扫描器如图7-4所示。手持激光扫描器比激光扫描平台具有方便灵活、不受场地限制的特点，适用于扫描体积较小的首读率不是很高的物品。除此之外，它还具有接口灵活、应用广泛的特点。手持激光扫描器，是新一代的商用激光条码扫描器。扫描线清晰可见，扫描速度快，一般扫描频率大约每秒40次，有的可达到每秒44次。

图7-4　手持激光扫描器

手持激光扫描器的主要特点是识别距离长，通常它们扫描区域能在1英尺以外。有些超长距离的扫描器，其扫描距离甚至可以达到10英尺。目前新型的CCD扫描器也可以达到一般的激光扫描器所能够达到的识别距离。

2. CCD扫描器

这种扫描器主要采用了电荷耦合器件（Charge Coupled Device，CCD）。CCD元件是一种电子自动扫描的光电转换器，也称为CCD图像感应器。它可以代替移动光束的扫描运动机构，不需要附加任何运动机构，便可以实现对条码符号的自动扫描。

CCD扫描器的两种类型包括手持式CCD扫描器和固定式CCD扫描器，均属于非接触式扫描器，只是形状和操作方式不同，其扫描机理和主要元器件完全相同，如图7-5所示。扫描景深和操作距离取决于照射光源的强度和成像镜头的焦距。

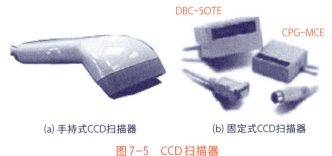

DBC-SOTE

CPG-MCE

(a) 手持式CCD扫描器　　　　(b) 固定式CCD扫描器

图7-5　CCD扫描器

CCD扫描器利用光电耦合（CCD）原理，对条码印刷图案进行成像，然后再译码。它的特点是无任何机械运动部件，性能可靠，生命周期长；按元件排列的节距或总长计算，可以进行测长；价格比激光枪便宜；可测条码的长度受限制；景深小。

3. 光笔与卡槽式扫描器

光笔和大多数卡槽式扫描器都采用手动扫描的方式。手动扫描比较简单，扫描器内部不带有扫描装置，发射的照明光束的位置相对于扫描器比较固定，这种扫描器就属于固定光束扫描器。完成扫描过程需要手持扫描器扫过条码符号。光笔扫描如图7-6所示。

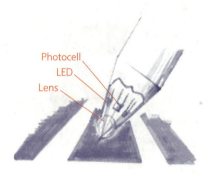

图7-6　光笔扫描

（1）光笔。光笔属于接触式固定光束扫描器。在其笔尖附近有发光二极管LED作为照明光源，并含有光电探测器。在选择光笔时，要根据应用中的条码符号正确选择光笔的孔径（分辨率）。分辨率高的光笔的光点尺寸能达到4密尔（0.1 mm），6密尔属于高分辨率，10密尔属于低分辨率。一般光笔的光点尺寸在0.2 mm左右。

光笔的耗电量非常低，因此它比较适用于和电池驱动的手持数据采集终端相连。光笔的光源有红光和红外光两种。红外光笔擅长识别被油污弄脏的条码符号。光笔的笔尖容易磨损，一般用蓝宝石笔头，不过，光笔的笔头可以更换。

随着条码技术的发展，光笔已逐渐被其他类型的扫描器所取代。现在已研制出一种蓝牙光笔扫描器以支持更多条码类型，不仅改进了扫描操作，而且可以用作触摸屏的触笔，如图7-7所示。人性化设计，配备蜂鸣器，电池可提供5 000次以上扫描，适用于在平面上扫描所有应用程序，成为新一代接触式扫描器。还有一种蓝牙无线扫描器，适用于大量高速扫描场合，可以在非常暗淡或明亮的环境中，在反光或弯曲的表面，或透过玻璃进行扫描。蓝牙光笔扫描器甚至可以扫描损坏的／制作粗糙的条码。

图7-7　蓝牙光笔扫描器

（2）卡槽式扫描器。卡槽式扫描器属于固定光束扫描器，内部结构和光笔类似。它上面有一个槽，手持带有条码符号的卡从槽中滑过实现扫描。这种识别广泛应用于时间管理及考勤系统。它经常和带有液晶显示和数字键盘的终端集成为一体。

4. 全向扫描平台

全向扫描平台属于全向激光扫描器，如图7-8所示。全向扫描是指标准尺寸的商品条码以任何方向通过扫描器的区域都会被扫描器的某个或某两个扫描线扫过整个条码符号。一般全向扫描器的扫描线方向为3~5个，每个方向上的扫描线为4个左右。这方面的具体指标取决于扫描器的具体设计。

图7-8 全向扫描平台

全向扫描平台一般用于商业超市的收款台。它一般有3~5个扫描方向，扫描线数量一般为20条左右。它们可以安装在柜台下面，也可以安装在柜台侧面。

这类设备的高端产品为全息式激光扫描器。它用高速旋转的全息盘代替了棱镜状多边转镜扫描。有的扫描线能达到100条，扫描的对焦面达到5个，每个对焦面包含20条扫描线，扫描速度可以高达8 000线/s，特别适用于传送带上识别不同距离、不同方向的条码符号。全向激光扫描器对传送带的最大速度要求慢的有0.5 m/s，快的有4 m/s。

5. 图像式条码扫描器

采用面阵CCD摄像方式将条码图像摄取后进行分析和解码，可识别一维条码和二维条码。

CCD技术是一种传统的图形/数字光电耦合器件，现已广泛应用。其基本原理是利用光学镜头成像，转化为时序电路，实现A/D转换为数字信号。CCD技术的优点是像质好，感光速度快，有许多高分辨率的芯片供选择，但信号特性是模拟输出，必须加入模数转换电路。加上CCD技术本身要用时序和放大电路来驱动，所以硬件开销很大，成本较高。

CCD技术已经是传统成熟的技术，虽然分别率高，感光速度快，但是电路复杂，价格下降的空间有限。目前，CMOS技术虽然在性能上略低于CCD技术，但是近年来的发展速度很快，国际上新近开发的产品，正在逐步采用该技术。从各种资料和近期发展情况上看，CMOS技术正以迅猛的速度发展，并且价格越来越低，性能越来越高。同时，在图形采集和转换方面，采用CMOS技术和大规模逻辑阵列技术配合，将能够满足图形采集和信号传输的需求。同时，目前国际上所有图像方式识别器，几乎所有国外品牌都采用了FPGA（大规模可编程逻辑阵列）技术。

采用FPGA除了可以完成数字图形采集外，还可以用来完成条码的纠错和译码，因为纠错算法是一种特别适合硬件实现的算法，FPGA容易实现。对于大容量的条码，如果用FPGA来完成纠错算法，那么可达到比软件算法提高10倍左右的速度。FPGA的另外一个作用是还可以完成图像处理，理论上整个图形处理的算法都可以用硬件来完成。

三、便携式数据采集器终端

便携式数据采集器是为了适应一些现场数据采集和扫描笨重物体的条码符号而设计的，适用于脱机使用的场合。识别时，与在线式数据采集器相反，它将扫描器移至物体的条码符号前扫描。

（一）便携式数据采集器

1. 便携式数据采集器的组成

便携式数据采集器是指集激光扫描、汉字显示、数据采集、数据处理和数据通信等功能于一体的高科技产品，相当于一台小型的计算机，是将计算机技术与条码技术完美的结合，利用物品上的条码作为信息快速采集手段。简单地说，它兼具了掌上电脑和条码扫描器的功能。

2. 便携式数据采集器的分类

从完成的工作内容上看，便携式数据采集器又分为数据采集型和数据管理型两种。

（1）数据采集型的产品主要应用于供应链管理的各个环节，快速采集物流的条码数据，在采集器上做简单的数据存储、计算等处理，尔后将数据传输给计算机系统。操作简单、容易维护、坚固耐用是此类设备主要考虑的因素。

（2）数据管理型的产品主要用于数据采集量相对较小、数据处理要求较高的设备。此类设备主要考虑采集条码数据后能够全面分析数据，并得出各种分析、统计的结果。但是此类设备由于操作系统比较复杂，对操作人员的基本素质要求比较高。

（二）无线式数据采集器

无线式数据采集器将普通便携式数据采集器的性能进一步扩展。除了具有一般便携式数据采集器的功能外，还具有在线式数据采集器的功能。它与计算机的通信是通过无线电波来实现的，可以把现场采集到的数据实时传输给计算机。相比普通数据采集器，便携式数据采集器又更进一步地提高了操作人员的工作效率，使数据从原来的本机校验、保存转变为远程控制、实时传输。

无线式数据采集器可以直接通过无线网络和PC端、服务器进行实时数据通信，数据实时性强，效率高。

（三）数据采集器的应用场合

由于条码的识别具有快速、准确和易于操作等特点，在各个物流环节中都引入条码，采用应用计算机系统与数据采集器结合的方式可以方便、准确地完成商品流通的相关管理。

1. 数据采集器在仓储及配送中心的应用

数据采集器在仓储及配送中心的应用领域包括商品的入库验收（收货）、商品的出库发货和库存盘点。

2. 数据采集器在移动销售领域中的应用——移动POS系统

近年来，移动销售应运而生，如网站的B2B. B2C销售。而配合移动销售的移动POS系统将庞大的收银系统浓缩在数据采集器和微型红外打印机上，方便携带，功能强大，操作灵活简单，可随时随地完成商品销售情况的记录、金额的结算和凭证的打印。

3. 数据采集器在邮政、速递行业中的应用

利用数据采集器管理所有速递信件和物品可以高效可靠地完成工作。无论是收入还是发出的信件和物品，操作员都可以在客户现场使用无线数据采集器，通过无线WAN网将扫描登记的信息第一时间传输到总部服务器，这样，整个物品运转的速度大大地提高。

任务二
射频识别技术设备

导入任务

根据任务一晨昊公司的情况，该公司经过设备升级，将RFID系统用于智能仓库货物管理。RFID完全有效地解决了仓库里与货物流动有关的信息的管理，它不仅增加了一天内处理货物的件数，而且采集了这些货物的一切信息。当货物被装运到异地时，由另一读写器识别并告知计算中心的具体位置。这样，管理中心可以实时地了解到已经生产了多少产品和发送了多少产品，并可自动识别货物，确定货物的位置。

根据实际情况，结合所学知识，了解不同种类射频识别技术，并明确相应设备使用方法和基本构成。

任务知识

微课：
射频识别技术设备

一、射频识别技术概述

（一）射频识别技术的概念

射频识别技术（Radio Frequency Identification，缩写为RFID），是一种非接触式的自动识别技术，它通过射频信号自动识别目标对象并获取相关数据，识别工作无须人工干预，无须识别系统与特定目标之间建立机械或者光学接触，可应用于各种恶劣环境。RFID技术可识别高速运转物体并可同时识别多个标签，操作快捷方便。

（二）射频识别技术的分类

RFID按照应用频率的不同分为低频（LF）、高频（HF）、超高频（UHF）和微波（MW），相对应的代表性频率分别为：低频135 KHz以下、高频13.56 MHz、超高频860 M~960 MHz、微波2.4~5.8 G。

RFID按照能源的供给方式分为无源RFID，有源RFID，以及半有源RFID。无源RFID读写距离近、价格低；有源RFID可以提供更远的读写距离，但是需要电池供电，成本要更高一些，适用于远距离读写的应用场合。

（三）射频识别技术应用领域

射频识别标签基本上是一种标签形式，将特殊的信息编码录入电子标签。标签被粘贴在需要识别或追踪的物品上，如货架、汽车、自动导向的车辆、动物，等等。由于射频识别标签具有可读写能力，因此对于需要频繁改变数据内容的场合尤为适用。射频识别标签能够在人员、地点、物品和动物上使用。目前，最流行的应用范围包括交通运输（汽车和货箱身份证）、路桥收费、保安（进出控制）、自动生产和动物标签等。自动导向的汽车使用射频标签在场地上指导运行。其他应用范围包括自动存储和补充、工具识别、人员监控、包裹和行李分类、车辆监控和货架识别。

另外，RFID技术还可应用于仓库资产管理、产品跟踪、供应链自动管理以及医疗等领域。在仓储库存、资产管理领域，电子标签具有读写与方向无关、不易损坏、远距离读取、多物品同时读取等特点，因此可以大大提高对出入库产品信息的记录采集速度和准确性。减少库存盘点时的人为失误，提高库存盘点的速度和准确性。

二、射频识别系统的主要设备

（一）射频识别技术基本工作原理

射频识别技术的基本工作原理是电磁理论。标签进入磁场后，接收解读器发出的射频信号，凭借感应电流所获得的能量发送出存储在芯片中的产品信息（无源标签或被动标签），或者由标签主动发送某一频率的信号，解读器读取信息并解码后，送至中央信息系统进行有关数据处理。

射频信号通过调成无线电频率的电磁场，把数据从附着在物品上的标签上传送出，以自动辨识与追踪该物品。某些标签在识别时从识别器发出的电磁场中就可以获取能量，无须电池供电；也有标签本身拥有电源，并可以主动发出无线电波（调成无线电频率的电磁场）。标签包含了电子存储的信息，数米之内都可以识别。与条形码不同的是，射频标签无须处在识别器视线之内，也可以嵌入被追踪物体之内，射频识别原理如图7-9所示。

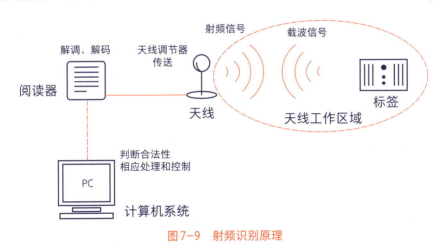

图7-9　射频识别原理

（二）射频识别系统的构成

1. RFID标签

RFID标签俗称电子标签，也称应答器（tag, transponder, responder），根据工作方式可分为主动式（有源）RFID标签和被动式（无源）RFID标签两大类。被动式RFID标签由标签芯片和标签天线或线圈组成，利用电感耦合原理或电磁反向散射耦合原理实现与读写器之间的通信。RFID标签中存储一个唯一编码，通常为64bits、96bits甚至更高，其地址空间大大高于条码所能提供的空间，因此可以实现单品级的物品编码。当RFID标签进入读写器的作业区域时，就可以根据电感耦合原理（近场作用范围内）或电磁反向散射耦合原理（远场作用范围内）在标签天线两端产生感应电势差，并在标签芯片通路中形成微弱电流。如果这个电流强度超过一个阈值，就将激活RFID标签芯片电路工作，从而对标签芯片中的存储器进行读/写操作。RFID标签芯片的内部结构主要包括射频前端、模拟前端、数字基带处理单元和EEPROM存储单元四部分。

2. 读写器

读写器也称阅读器、询问器（reader, interrogator），是指对RFID标签进行读/写操作的设备，主要包括射频模块和数字信号处理单元两部分。读写器是RFID系统中最重要的基础设施。一方面，RFID标签返回的微弱电磁信号通过天线进入读写器的射频模块后转换为数字信号，再经过读写器的数字信号处理单元对其进行必要的加工整理，最后从中调取返回的信息，完成对RFID标签的识别或读/写操作；另一方面，上层中间件及应用软件与读写器进行交互，实现操作指令的执行和数据汇总上传。在上传数据时，读写器会对RFID标签原子事件去重过滤或简单的条件过滤，将其加工为读写器事件后再上传，以减少与中间件及应用软件之间数据交换的流量，因此在很多读写器中还集成了微处理器和嵌入式系统，实现了一部分中间件的功能，如信号状态控制、奇偶位错误校验与修正等。未来的读写器呈现出智能化、小型化和集成化趋势，还将具备更加强大的前端控制功能，例如，直接与工业现场的其他设备进行交互甚至作为控制器进行在线调度。在物联网中，读写器将成为同时具有通信、控制和计算（communication，control，computing）功能的3C核心设备。

3. 天线

天线是RFID标签和读写器之间实现射频信号空间传播和建立无线通信连接的设备。RFID系统包括两类天线，一类是RFID标签上的天线，由于它已经和RFID标签集成为一体，因此不再单独讨论；另一类是读写器天线，既可以内置于读写器中，也可以通过同轴电缆与读写器的射频输出端口相连。目前的天线产品多采用收发分离技术来实现发射和接收功能的集成。天线在RFID系统中的重要性往往被人们所忽视，在实际应用中，天线设计参数是影响RFID系统识别范围的主要因素。高性能的天线不仅要求具有良好的阻抗匹配特性，而且需要根据应用环境的特点对方向特性、极化特性和频率特性等进行专门设计。

4. 中间件

中间件是一种面向消息的、可以接收应用软件端发出的请求，对指定的一个或者多个读写器发起操作并接收、处理后向应用软件返回结果数据的特殊化软件。中间件在RFID应用中除了可以屏蔽底层硬件带来的多种业务场景、硬件接口、适用标准造成的可靠性和稳定性问题，还可以为上层应用软件提供多层、分布式、异构的信息环境下业务信息和管理信息的协同。中间件的内存数据库还可以根据一个或多个读写器的读写器事件进行过滤、聚合和计算，抽象出对应用软件有意义的业务逻辑信息构成业务事件，以满足来自多个客户端的检索、发布/订阅和控制请求。

5. 应用软件

应用软件是直接面向RFID应用最终用户的人机交互界面，协助用户完成对读写器的指令操作以及对中间件的逻辑设置，逐级将RFID原子事件转化为使用者可以理解的业务事件，并通过可视化界面进行展示。由于应用软件需要根据不同应用领域的不同企业进行专门制定，因此很难具有通用性。从应用评价标准来说，用户在应用软件端的用户体验是判断一个RFID应用案例成功与否的决定性因素之一。

任务三
GPS/GIS 技术设备

导入任务

根据任务一晨昊公司的情况，在充分升级仓储设施设备后，该公司继续拓展运输业务，利用公用数字移动通信作为信息传输媒介，应用GPS的定位技术及计算机技术、网络技术等手段，充分利用互联网资源，结合运用GIS电子地图，实时显示车辆的实际位置，实现对车辆的状态监视、调度管理、报警求助和信息咨询等功能，可对重要车辆和货物进行跟踪服务。

请同学们根据所学知识，谈谈对GPS和GIS的理解，并分组讨论任务中的企业应如何解决物流运输管理问题，最后以小组为单位进行汇报。

任务知识

一、GPS技术设备

（一）GPS的定义

微课：
GPS/GIS技
术设备

全球卫星导航系统国际委员会（International Committee on Global Navigation Satellite System，缩写为ICG）目前认可的四大全球卫星导航系统包括：美国全球定位系统（GPS）、俄罗斯格洛纳斯卫星导航系统（GLONASS）、欧盟伽利略卫星导航系统（GALILEO）和中国北斗卫星导航系统（BDS）。其中，GPS是世界上第一个建立并用于导航定位的全球卫星导航系统。

全球定位系统（Global Positioning System，GPS）是美国国防部于1973年批准建立的导航卫星测距全球定位系统。它是一种可以定时和测距的空间定点导航系统，可向全球用户提供连续、实时、高精度的三维位置、三维速度和时间信息，为陆、海、空三军提供精密导航，还可用于情报收集、核爆监测、应急通信和卫星定位等军事目的。

GPS是美国于1973年11月开始研制的第二代卫星导航系统，是美国继阿波罗登月飞船和航天飞机之后的第三大航天工程，历经20年，耗资300多亿美元，于1994年7月全面建成。美国政府宣布从2000年5月1日起，GPS向全球用户免费开放。

作为美国第二代卫星导航系统，GPS是在子午仪卫星导航系统的基础上发展起来的。和子午仪卫星导航系统一样，GPS由空间部分、地面监控部分和用户接收机三大部分组成。GPS空间部分由24颗卫星形成，其中21颗为工作卫星，3颗为备用卫星。GPS卫星星座如图7-10所示。GPS具有性能好、精度高、应用范围广的特点，从覆盖范围、信号可靠性、数据内容、准确度及利用率这五项指标来看，GPS都远比先前的子午卫星导航系统优越。随着GPS软、硬件的不断完善，应用领域正在不断地开拓，目前已遍及国民经济各部门和人民日常生活。

（二）GPS的工作原理

GPS进行定位的基本原理，是以GPS卫星和用户接收机天线之间距离（或距离差）的观测量为基础，并根据已知的卫星瞬间坐标来确定用户接收机所对应的点位，即待定点的三维坐标（x，y，z）。首先假定卫星的位置为已知，准确地测定所在地点A至卫星之间的距离，那么点A一定是位于以卫星为中心所测得距离为半径的圆球上。进一步测得点A至另一卫星的距离，则点A一定处在前后两个圆球相交的圆环上。只要测得点A与第三个卫星的距离，就可以确定点A只能是在三个圆球相交的两个点上。由于用户接收机使用的时钟与星载时钟不可能总是同步，所以除了用户的三维坐标（x，y，z）外，还要引进一个常量，即以卫星与接收机之间的时间差作为未知数，然后用4个方程将这4个未知数解出来。所以如果想知道接收机所处的位置，至少要能接收到4个卫星的信号，GPS定位的基本原理如图7-11所示。

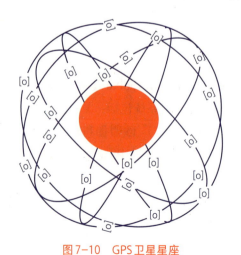

图7-10 GPS卫星星座

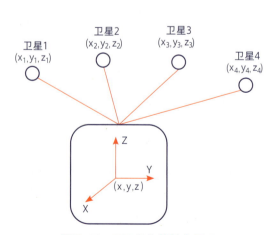

图7-11 GPS定位的基本原理

（三）GPS的基本组成

GPS包括三大部分：空间部分——GPS卫星星座；地面控制部分——GPS地面监控系统；用户设备部分——GPS信号接收机。

1. GPS卫星星座

GPS卫星及其星座由21颗工作卫星和3颗在轨备用卫星组成，记作（21＋3）GPS星座。24颗卫星均匀分布在6个轨道平面内，轨道倾角为55°。各个轨道平面之间相距60°，即轨道的升交点赤经各相差60°。每个轨道平面内各颗卫星之间的升交角距相差90°，一轨道平面上的卫星比西边相邻轨道平面上的相应卫星超前30°。位于地平线以上的卫星数量随着时间和地点的不同而不同，最少可见到4颗，最多可见到11颗。在用GPS信号导航定位时，为了计算测站的三维坐标，必须观测4颗C卫星，称为定位星座。这4颗卫星在观测过程中的几何位置分布对定位精度有一定的影响。对于某地某时，甚至不能测得精确的点位坐标，这种时间段称为间隙段，但这种间隙段是很短暂的，并不影响对GPS的正常使用。

2. GPS地面监控系统

GPS地面监控系统包括1个主控站、3个注入站和5个监测站。监控站设有GPS用户接收机、原子钟、收集当地气象数据的传感器和进行数据初步处理的计算机。监控站的主要任务是取得卫星观测数据并将这些数据传送至主控站，主控站对地面控站实行全面控制。主控站的主要任务是收集各监控站对GPS卫星的全部观测数据，利用这些数据计算每颗GPS卫星的轨道和卫星钟改正值。注入站的主要任务是在每颗卫星运行至上空时把这类导航数据及主控站的指令注入卫星，每颗GPS卫星每天进行一次。

3. GPS信号接收机

GPS信号接收机用来接收导航卫星发射的信号，并跟踪这些卫星的运行，对所接收到的GPS信号进行变换、放大和处理，以便测量出GPS信号从卫星到接收机天线的传播时间，解译出GPS卫星所发送的导航电文，实时地计算出测站的三维坐标，甚至计算出三维速度和时间。GPS接收机的基本结构如图7-12所示。

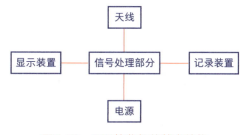

图7-12　GPS接收机的基本结构

在静态定位中，GPS接收机在捕获和跟踪GPS卫星的过程中固定不变，接收机高精度地测量GPS信号的传播时间，利用GPS卫星在轨的已知位置，计算出接收机天线所在位置的三维坐标。而动态定位则是利用GPS接收机测定一个运动物体的运行轨迹。GPS信号接收机所在的运动物体称为载体（如空中的飞机、行驶的车辆等）。载体上的GF接收机天线在跟踪GPS卫星的过程中相对地球而运动，接收机用GPS信号实时地测量运动载体的状态参数（瞬间三维位置和三维速度）。

（四）GPS的基本功能

近年来，GPS在物流领域的应用越来越多，主要有GPS导航系统与电子地图、无线电通信网络相结合，可以实现车辆跟踪和交通管理等许多功能。

1. 用于汽车自定位、跟踪调度

利用GPS和电子地图可以实时显示出车辆的实际位置，并任意放大、缩小、还原、换图；可以随目标移动，使目标始终保持在屏幕上；还可以实现多窗、多车辆、多屏幕同时跟踪，利用该功能可对重要车辆和货物进行跟踪运输。车载导航将成为未来全球卫星定位系统应用的主要领域之一。我国已有数十家公司在开发和销售车载导航系统。

2. 提供出行线路的规划和导航

规划出行线路是汽车导航系统的一项重要辅助功能，包括以下内容：

（1）自动线路规划。由驾驶员确定起点、终点和途经点等，自动建立线路库，由计算机软件按照要求自动设计最佳路线，包括最快路线、最简单的路线、通过高速公路路段次数最少的路线等。

（2）人工线路设计。由驾驶员根据自己的目的地设计起点、终点和途经点等，自动建立路线库。线路规划完毕后，显示器能够在电子地图上显示设计线路，并同时显示汽车运行路径和运行方法。

3. 信息查询

为用户提供主要物标，如旅游景点、宾馆、医院等数据库，用户能够在电子地图上根据需要进行查询。查询资料可以文字、语言和图像的形式显示，并在电子地图上显示其位置。同时，检测中心可以利用检测控制台对区域内任意目标的所在位置进行查询，车辆信息将以数字形式在控制中心的电子地图显示。

4. 话务指挥

指挥中心可以检测区域内车辆的运行情况，对被检测车辆进行合理的调度。指挥中心可随时与被跟踪目标通话，实时管理。

5. 紧急援助

通过GPS定位和监控管理系统可以对有险情或发生事故的车辆进行紧急救助，控台的电子地图可显示求助信息和报警目标，规划出最优救助方案，并以报警声、光提醒值班人员进行应急处理。

6. 用于铁路运输管理

我国铁路开发基于GPS的管理信息系统，可以通过GPS和计算机网络实时收

集全路列车、机车、车辆、集装箱及所运货物的动态信息，可实现列车、货物追踪管理。只要知道货车的车种、车型、车号，就可以立即从近10 000 km的铁路网上流动着的几十万辆货车中找到该货车，还能得到这辆货车正在何处运行或停在何处，以及所有的车载货物发货信息。铁路部门运用GPS技术可大大提高其运营的透明度，为货主提供更高质量的服务。

7. 用于军事物流

全球卫星定位系统首先是出于军事目的而建立的。在军事物流中，如后勤装备的保障等方面，应用相当普遍。

8. 用于特大桥梁的控制测量

利用GPS技术测量无须通视，可构成较强的网络，提高点位的精度，同时对检测常规测量的支点也非常有效。如在江阴长江大桥的建设中，首先用常规的方法建立了高精度边角网络，然后利用GPS对该网络进行了检测，GPS监测网络达到了毫米级精度。GPS技术还在隧道测量中具有广泛的应用前景，其测量方法无须通视，减少了常规方法的中间环节。因此，利用GPS技术测量速度快、精度高，具有明显的经济效益和社会效益。

二、GIS技术设备

（一）GIS的定义

1. 地理信息

地理信息是指与研究对象的空间地理分布有关的信息，包括数量、质量、空间位置、空间分布特征、相互联系和变化规律等，是对表达地理特征与地理现象之间关系的地理数据的解释。

地理信息与一般信息的区别在于它具有区域性、多维性、动态性和地域性。

① 区域性是指地理信息的定位特征，且这种定位特征是通过公共的地理基础体现出来的。例如，用经纬坐标确定空间位置，指定区域。

② 多维性是指在二维空间的基础上实现第三维结构，获得多方面的信息。例如，在某个地面点上，可获取污染、交通、气候等多种信息。

③ 动态性是指需要实时更新采集到的地理信息，并根据变化规律进行分析，做出及时预报。

④ 地理信息则是各种地理特征和现象之间关系的符号化表示，是由地理位置所决定的，因此具有地域性。

2. GIS的含义

GIS是指在计算机硬件、软件系统的支持下，以地理空间数据库为基础，采集、存储、管理、运算、分析、描述和显示整个或部分地球表面（包括大气层在内）与空间和地理分布有关的各种数据，为地理研究和地理决策提供服务的空间信息系统。

1963年，加拿大土地调查局为了处理大量的土地调查资料，由测量学家罗杰·汤姆林森（RF. Tomlinson）首次提出地理信息系统这一术语。不久，美国哈佛大学的计算机图形与空间分析实验室，又开发了比较完整的SyMap系统软件。进入20世纪70年代后，计算机大容量存储磁盘的使用，为地理数据的采集、录入与处理提供了有力的支持，巩固了地理信息的发展。例如，从1970年到1976年，美国国家地质调查局就建成50多个地理信息系统。从20世纪80年代开始，GIS技术被普遍地推广并得到了广泛的应用。GIS的应用从基础数据的处理与信息规律转向更复杂的空间实体数据及其关系的综合性分析管理，因此被多个用户共同享用。作为一种辅助决策的工具，它促进了地理信息产业的形成，并使GIS技术逐步走向了成熟。到了20世纪90年代，GIS已经步入了稳定发展的阶段，各个行业都根据自身的特征，相继开发了独具特色的GIS，每两至三年就更新一次。在这一阶段，我国的地理信息技术也得到了迅猛的发展，一批高等院校已设立了一些与GIS有关的专业或学科，一批专门从事GIS产业活动的高新技术产业也相继成立。

3. GIS的分类

与地图相比，GIS的先天优势是将数据的存储与数据的表达进行分离，因此基于相同的数据能够生产各种不同的产品。常见的GIS是从功能、内容等角度进行分类的。

① 按照功能分类。GIS可分为专题地理信息系统（Thematic GIS）、区域地理信息系统（Regional GIS）和地理信息系统工具（GIS Tools）。

② 按照内容分类。GIS可分为城市信息系统、自然资源查询信息系统、规划与评估信息系统和土地管理信息系统。

（二）GIS的工作原理

GIS就是用来存储有关地理的信息的，这些信息是通过地理关系连接在一起的所有主题层的集合。这个简单却非常有力和通用的概念，对于解决许多真实世界的问题具有无价的作用。

GIS地理信息包含地理参照系统，如经度和纬度坐标，或者是国家网格坐标可以包含地理参照系统，如地址、邮政编码、人口普查区名、森林位置识别、路名等。一种称为地理码的自动处理系统用来将间接的参照系统（如地址描述）转变成直接的参照系统（如多重定位）。这些地理参照系统可以定位一些特征，如商业活动；也可以定位一些事件，如在地震后用于地表分析，还可以跟踪运输工具、模拟全球的大气循环等。

GIS工作有两种不同的基本地理模式——矢量模式和栅格模式。在矢量模式中，关于点、线和多边形的信息以X、Y坐标形式存储。一个点特征的定位，如一个钻孔，可以描述为一个单一的X、Y坐标；线特征，如公路和河流，可以被存储于一系列点坐标；多边形特征，如销售地域或河流聚集区域，可以被存储于一个闭合循环的坐标系。矢量模式非常有利于描述一些离散特征，但对于连续变化的特征，如土壤类型或医院的开销等，就不太适用。栅格模式为连续特征的模式，格图像包含网格单元。无论是矢量模式还是栅格模式，用来存储地理数据都有优点和缺陷。现代的GIS可以处理这两种模式。

随着信息技术不断地发展，GIS已在许多部门和领域得到应用，并引起了社会的高度重视。从应用方面看，GIS已在资源开发、环境保护、城市规划建设、土地管理、农作物调查、交通、能源、通信、地图测绘、林业、房地产开发、自然灾害的监测与评估、金融、保险、石油与天然气、军事、犯罪分析、运输与导航、110报警系统等方面得到了具体应用。

三、GIS的主要设备

（一）GIS的基本组成

GIS的应用系统主要由五部分组成，即计算机硬件系统、计算机软件系统、地理空间数据、应用分析模型、系统开发及使用人员，如图7-13所示。

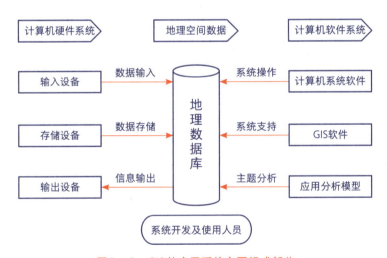

图7-13　GIS的应用系统主要组成部分

1. 计算机硬件系统

GIS的计算机硬件系统一般由计算机与一些外部设备组成，如图7-14所示。计算机是硬件系统的核心，用于数据和信息的处理、加工与分析。外部设备包括数据的采集设备，如数字化仪、扫描仪、解析测图仪、测绘仪器及光笔和手写笔等。数字化仪用来将地图转换为数字形式（矢量格式）；扫描仪用来扫描输入格数据，再经计算机矢量化处理后成为数字形式；解析测图仪可从遥感影像上采集空间数据。数据可以通过以上这些外部设备以计算机联机方式输入，也可由数字测图部门直接

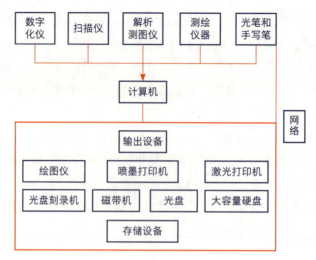

图7-14　GIS的计算机硬件系统

提供。GIS的输出和存储设备也是标准的计算机外围设备。输出设备有绘图仪及打印机等，而磁带机、大容量移动硬盘或光盘则可以用来存储大量的空间地理数据。

2. 计算机软件系统

GIS的计算机软件系统是指系统运行所必需的各种程序，是GIS的核心组成部分，并且直接影响GIS的功能。它主要包括计算机系统软件和地理信息系统软件两大部分。按照GIS对数据的采集、加工、管理、分析和表达，可将GIS软件系统中与用户有关的软件分为五大子系统，即数据输入与转换、图形及文本编辑、数据存储与管理、空间查询与分析及数据输出与表达，如图7-15所示。

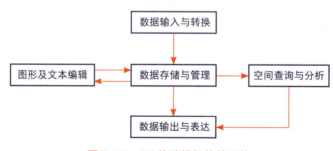

图7-15　GIS的计算机软件系统

3. 地理空间数据

GIS必须建立在准确地理空间数据的基础上，数据来自室内地图数字化、专业采集、遥感图像解析或从其他数据转换。地理空间数据可分为空间数据和属性数据，并与关系数据库相互连接。

4. 应用分析模型

应用分析模型是影响GIS应用系统成败的至关重要的因素。它是在对专业领域的具体对象与过程进行大量研究的基础上总结出的规律。GIS应用就是利用这些模型对大量空间数据进行分析并综合解决实际问题的模型，如基于GIS的物流系统分析模型、运输系统规则模型等。

5. 系统开发及使用人员

系统开发及使用人员是GIS中最重要的组成部分。系统开发人员必须定义GIS中被执行的各种任务，并开发处理程序。系统使用人员，即用户，其类型、数量及研究领域都要求系统的功能设计。

（二）GIS的基本功能

GIS的基本功能主要是对空间信息及其相关属性信息的处理，将各种详细的地理资料整合成综合性的地理信息资料库，通过应用软件将各种相关信息以文字、数字、图表、声音、图形或配以地图的形式，提供给规划者及决策者使用。GIS显示的范围具有比较大的灵活性，可以根据使用者提出的要求选择区域，显示出区域内人口的数量和分布情况、商品的销售情况、运输路线的设置、资源的分布情况等。

大多数GIS软件都具备五项基本功能，即数据输入、数据编辑、数据存储与管理、空间查询与分析、可视化表达与输出。一个典型的GIS功能如图7-16所示。

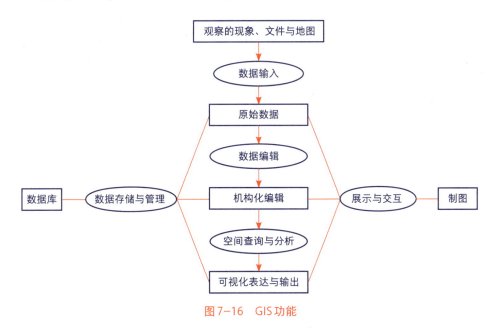

图7-16　GIS功能

1. 数据输入

数据输入是建立地理数据库的基本环节，主要是将图形数据、网格数据（包括各种遥感数据、航测数据、影像数据、航空雷达数据等）、属性数据（用来描述对象特征的，通常根据数据库管理系统进行管理）等输入，转换成计算机可处理的数字形式。对于不同种类的数据，可以采取不同的输入形式。例如，图形数据可以采用数字化输入和扫描仪输入。

2. 数据编辑

数据编辑主要包括图形编辑和属性编辑。图形编辑主要具备多边形拓扑关系的建立校正、图形编辑、图形修饰、图形拼接、投影变换等功能。而属性编辑往往与数据管理结合在一起。

3. 数据存储与管理

数据能否有效存储与管理，是GIS系统应用成功与否的关键。该功能主要用于对空间数据与非空间数据的存储、查询检索、修改和更新。矢量数据结构、栅格数据结构是GIS存储的主要数据结构。数据结构确定后，在空间数据的存储与管理中，重点是确定应用系统空间与属性数据库的结构以及空间与属性数据的连接。目前广泛采用的GIS管理空间数据，采用的是关系数据库管理属性数据。

4. 空间查询与分析

空间查询与分析是GIS最重要的功能，也是GIS区别于其他信息系统的本质特征，它使地图图形信息及各种专业信息的利用深度和广度大大增强。空间数据查询，即GIS具有的查询功能，既具有属性查询功能，也具有图形查询功能，还可以实现图形与属性之间的交叉查询。空间数据分析旨在对空间数据进行一系列的运算和查询。不同的应用具有不同的模型，GIS通常只提供几种最基本的分析模型，如地形分析、矢量分析、缓冲分析、网络分析等。

5. 可视化表达与输出

GIS通常以人机交互方式选择显示的对象与形式，对于图形数据，根据要素的信息密集程度，可选择放大或缩小显示。它还可以输出全要素地图，也可以根据用户需要，分层输出各种专题图、统计图、表格以及数据等。

社会担当
我国自主研制的卫星导航系统——北斗卫星导航系统

北斗卫星导航系统（以下简称"北斗系统"）是中国着眼于国家安全和经济社会发展需要，自主建设、独立运行的卫星导航系统，是为全球用户提供全天候、全天时、高精度的定位、导航和授时服务的国家重要空间基础设施。

20世纪后期，中国开始探索适合国情的卫星导航系统发展道路，逐步形成了三步走发展战略：2000年底，建成北斗一号系统，向中国提供服务；2012年底，建成北斗二号系统，向亚太地区提供服务；计划在2020年前后，建成北斗全球系统，向全球提供服务。2020年7月31日上午，北斗三号全球卫星导航系统正式开通。2020年12月15日，北斗导航装备与时空信息技术铁路行业工程研究中心成立。2021年5月26日，在中国南昌举行的第十二届中国卫星导航年会上，中国北斗卫星导航系统主管部门透露，中国卫星导航产业年均增长达20%以上。截至2020年底，中国卫星导航产业总体产值已突破4 000亿元。

随着北斗系统建设和服务能力的发展，相关产品已广泛应用于交通运输、海洋渔业、水文监测、气象预报、测绘地理信息、森林防火、通信系统、电力调度、救灾减灾、应急搜救等领域，逐步渗透到人类社会生产和人们生活的方方面面，为全球经济和社会发展注入新的活力。2020年初，新冠肺炎疫情暴发。在危难时刻，北斗系统火线驰援武汉市火神山和雷神山医院建设。通过利用北斗高精度技术，多数测量工作一次性完成，为医院建设节省了大量时间，保障抗击疫情"主阵地"迅速完成建设，为抗击疫情贡献北斗智慧与力量。

卫星导航系统是全球性公共资源，多系统兼容与互操作已成为发展趋势。中国始终秉持和践行"中国的北斗，世界的北斗"的发展理念，服务"一带一路"建设发展，积极推进北斗系统国际合作。与其他卫星导航系统携手，与各个国家、地区和国际组织密切沟通协作，共同推动全球卫星导航事业发展，让北斗系统更好地服务全球、造福人类。

同步测试

一、单选题

1. 以下选项中不属于GPS基本功能的是（　　）。

   A. 汽车自定位、跟踪调度　　　　B. 出行线路的规划和导航

   C. 紧急援助　　　　　　　　　　D. 线路计算与优化

2. 激光与其他光源相比，其独特的性质不包括（　　）。

   A. 很强的方向性　　　　　　　　B. 色彩性好

   C. 单色性好　　　　　　　　　　D. 相关性好

3. 光电扫描器从扫描方式上可分为（　　）。

   A. 接触式和非接触式　　　　　　B. 手持式和固定式

   C. 光笔、CCD、激光和拍摄　　　D. 单向和全向

4. 无源RFID读写特点为（　　）。

   A. 距离远，价格低　　　　　　　B. 距离远，价格高

   C. 距离近，价格低　　　　　　　D. 距离近，价格高

5. 与地图相比，GIS的先天优势是将数据的（　　）进行分离。

   A. 存储与表达　　　　　　　　　B. 存储与显示

   C. 传输与表达　　　　　　　　　D. 传输与显示

二、多选题

1. 条码识别系统的组成部分包括（　　　）。

A. 扫描系统　　　　　B. 信号调整　　　　　C. 译码
D. 存储系统　　　　　E. 传输系统

2. RFID一般组成部分包括（　　　　）。
A. RFID标签　　　　　B. 读写器　　　　　C. 天线
D. 中间件　　　　　E. 应用软件

3. 全球卫星导航系统国际委员会目前认可的四大全球卫星导航系统包括（　　　　）。
A. 美国全球定位系统（GPS）
B. 俄罗斯格洛纳斯卫星导航系统（GLONASS）
C. 欧盟伽利略卫星导航系统（GALILEO）
D. 中国北斗卫星导航系统（BDS）
E. 中国天宫空间站（CSSP）

4. GPS三大组成部分包括（　　　　）。
A. 空间部分　　　　　　　　B. 地面控制部分
C. 用户设备部分　　　　　　D. 海洋部分
E. 地下部分

5. GIS的应用系统组成部分主要包括（　　　　）。
A. 计算机硬件系统　　　　　B. 计算机软件系统
C. 地理空间数据　　　　　　D. 应用分析模型
E. 系统开发及使用人员

三、判断题

1. 条码识别的基本工作原理是由光源发出的光线经过光学系统照射到条码符号上，被反射回来的光经过光学系统成像在光电转换器上，使之产生电信号。（　　　）

2. 射频识别技术RFID是一种非接触式的自动识别技术，RFID可识别高速运动物体，但只能同时识别一个标签，操作快捷方便。（　　　）

3. 地理信息与一般信息的区别在于它具有区域性、多维性、动态性和地域性。（　　　）

4. 在全球定位系统中，如果想知道接收机所处的位置，至少要能接收到2颗卫星的信号。（　　　）

5. 随着信息及技术不断地发展，GIS已在许多部门和领域得到应用，并引起了社会的高度重视。（　　　）

项目实训

实训目的：

RFID高频数据读写实践项目。

实训组织：

（1）PC（1台/组）；

（2）USB线（一头方，一头扁）；

（3）RFID高频读卡器；

（4）高频标签。

实训内容：

（1）了解RFID中高频的相关知识；

（2）掌握如何对RFID高频读卡器进行更改密码、钱包初始化、钱包充值、钱包扣款、读/写等操作；

（3）完成实训任务分析报告表；

（4）分析与汇报。

实训要求：

RFID读写器的使用，利用RFID De mo程序对各种标签进行读写操作，分析相关数据。

项目八

智能化作业设备

知识目标
- 了解各种智能化作业设备的种类
- 掌握主流智能化作业设备在物流领域中的应用场景
- 理解智能化作业设备的研发和应用对物流系统运行的重要意义

技能目标
- 能够根据要求操作基本的智能化作业设备
- 能够根据需求设计智能化物流设备应用方案
- 能够自主寻求物流领域智能穿戴设备的创新与进步

素养目标
- 通过学习各种智能化作业设备技术，意识到科学技术创新对物流领域产生的巨大作用，增强学生的民族自信心和职业自豪感
- 通过学习基本智能化设备的操作，培养学生规范严谨的职业素养
- 通过了解未来智能化技术发展对物流系统的影响，增强学生的职业责任感

思维导图

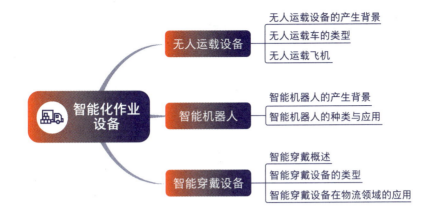

项目背景

京东集团于2007年开始布局北上广深的物流体系，2010年推出211限时达的服务，2014年上海亚洲一号正式投入运营。截至目前，全国已经形成14个亚洲一号仓库，实现了机器人拣货机制、自动化仓库、奢侈品仓库的全新布局。京东集团在2016年成立甲事业部，推行无人机和无人车全自动领域的探索。目前在试点过程中，已经拿到全国首家无人机的牌照。京东物流集团服务于京东商城以及第三方商家，其物流体系的整体规模居全国首位。

任务一
无人运载设备

导入任务

京东的无人机送货已开始常态化运营，所谓的常态化运营其实仍然处在小规模的试运营阶段。该企业目前以两个点为中心，规划了40条左右的航线。用于运送包裹的无人机，载重量为10～15 kg，续航里程为15～20 km。并且该企业还建立了研发中心，重点研制载重200 kg～2 t、覆盖半径超过500 km的支线级中大型无人机，以进一步提高仓库的辐射能力，降低库存成本。另外，该企业也在区域范围内开展无人配送车实验。该无人车具备自主学习能力，因此可根据配送过程中的实际环境和路况进行调整。在行驶过程中，无人车车顶的激光感应系统会自动检测前方行人车辆，靠近3 m左右会自动停车。遇到障碍物会自动避障，可攀登25°的斜坡。

请同学们根据所学知识，谈谈该电商企业应用了哪些无人运载设备，并分组讨论任务中无人运载设备的优势分别是什么，最后以小组为单位进行汇报。

任务知识

微课：
无人运载
设备

一、无人运载设备的产生背景

近年来，随着各类新科技的不断发展，"互联网＋"与物流行业的深度融合，以及新商业模式的需求与刺激，物流行业已经从劳动密集型向数字智能化方向转变。基于技术升级的新零售物流体系，智能化技术的发展应用由整体规模化向与具体场景相结合的转变愈发显著，仓储、运输、配送等众多环节的智能化、数字化升级正成为各家物流企业的重点发展战略，无人技术更是其中重要的一环。尤其在过去的两年，物流无人科技逐步发展成熟，无人仓、无人机、无人重卡、无人配送车纷纷进入大众视野，中国物流行业正式步入了全方位无人化的时代。相较于无人机在人口密集城市里因为其安全性受到的政策限制，无人配送车的应用空间更加广阔，不仅适用于开放密集的楼宇、城市CBD，而且可以在居民社区、校园、工业园区等封闭或半封闭环境内运行。在这个背景下，电商与物流领域的龙头企业纷纷加大了在无人配送车研发方面的投入，"最后一公里"无人配送区域的竞争变得激烈起来。

二、无人运载车的类型

（一）电商平台的无人配送车

京东物流、菜鸟驿站、苏宁易购等电商平台已经开始尝试采用无人车进行配送。

1. 京东物流的无人配送车

京东物流的无人配送车曾尝试在开放的道路上进行测试应用，并采取与京东的无人配送站、无人超市、无人便利店相结合的方式，为辐射范围内的消费者上门送货，目前已在北京、西安和雄安新区三地的指定区域完成了测试运营。京东物流的无人配送车如图8-1所示。

2. 菜鸟小G无人配送车

菜鸟ET物流实验室则在2018年9月的云栖大会现场发布了两款第四代新零售物流无人车，车上分别搭载刷脸取件柜、零售货架等。据称，这些无人车可以在拥挤的人群中智能避让，穿梭自如。菜鸟小G无人配送车如图8-2所示。

3. 苏宁"卧龙一号"

苏宁"卧龙一号"是国内首个能与电梯进行信息交互送货上门的无人车，通过多线激光雷达、GPS、惯导等多个传感器融合定位，就能开启它的智能化送货之路。2018年4月16日，苏宁物流的社区无人快递车"卧龙一号"在南京试点测试运营。苏宁"卧龙一号"如图8-3所示。

图8-1　京东物流的无人配送车

图8-2　菜鸟小G无人配送车

图8-3　苏宁"卧龙一号"

（二）科技企业的无人配送车

国内一些科技企业也研发出多款无人车，这些无人车搭载路径规划算法，可以实现物流配送作业。

1. 蜗必达无人驾驶物流车

搭载北京智行者科技有限公司自主研发的AVOS系统，提供了多传感器自适应融合算法、环境认知算法、设计合理的路径规划算法、高可靠性的控制算法和智能配送的解决方案，可实现人性化且智能化的自动物流配送，如图8-4所示。

2. 新石器无人驾驶物流车（第一代）

全球首个完成工程化并量产落地的新石器无人驾驶物流车（第一代），如图8-5所示，目前已经进入小批量生产阶段，并且在北京未来科学城滨水公园、常州武进工业园、雄安新区，以及广州潼湖碧桂园科技小镇投入商业化运营。

图8-4　蜗必达无人驾驶物流车

图8-5　新石器无人驾驶物流车（第一代）

3. 小蚂哥物流机器人

小蚂哥物流机器人（如图8-6所示）是一款无人配送智能物流机器人，拥有自主行驶、GPS定位、主动避障、规划行车路线等多项功能，可以配送外卖、快递等多种商品，实现"最后一公里"的自动化配送，到达目的地后可以自动通过语音电话通知用户取货。

图8-6　小蚂哥物流机器人

4. 速腾聚创无人物流车G Plus

速腾聚创（RoboSense）是自动驾驶激光雷达环境感知解决方案提供商。公司利用自主研发的机器人感知产品，将激光雷达传感器硬件方案三维数据处理算法和深度学习技术相结合。通过持续的技术创新，让机器人拥有超越人类眼睛的环境感知能力。该公司的主要产品为无人物流车G Plus。该款物流车搭载了来自速腾聚创的固态激光雷达RS-LiDAR-M1（Pre）。G Plus拥有3D环境感知能力，能让无人物流车看清楚行驶方向上的行人、小汽车、卡车等障物的形状、距离、方位、行驶速度、行驶方向，并指明道路可行驶区域，从而保证无人物流车能在道路环境中顺利通行。行驶方向，并指明道路可行驶区域，从而保证无人物流车能在道路环境中顺利通行。

（三）无人配送车的优势

1. 提高配送效率，降低配送成本

对于人流量密集的地区，如住宅小区、办公楼、便利店等区域，无人配送车的出现在较大程度上代替了人力劳动，降低了成本，在提高配送效率的同时还提升了用户的幸福感。

2. 提升用户体验

随着物流企业的进一步扩大，无人配送车的出现也会在一定程度上满足部分用户"求鲜"的心理，提升部分用户体验。

三、无人运载飞机

（一）无人机定义

无人机（Unmanned Aerial Vehicles，UAV）是指利用无线电遥控设备和自备的程序控制装置操纵的不载人飞行器。无人机如图8-7所示。

图8-7　无人机

无人机的主要价值在于替代人类完成空中作业，并且能够结合其他部件扩展应用，形成空中平台。无人机按照应用领域分为军用级无人机和民用级无人机，民用级无人机又分为消费级无人机和工业级无人机。目前，工业级无人机已广泛应用于农林植保、电力巡线、边防巡逻、森林防火、物流配送等领域。

（二）无人机类型

当前，国际上有多家企业已经开始采用无人机开展快递业务，国内开展无人

机运输的快递公司有京东物流、菜鸟驿站、顺丰速运、苏宁易购、中国邮政等，主流无人机研发及应用情况如表8-1所示。

表8-1　主流无人机研发及应用情况

公司名称	国别	业务范围及应用情况	搭载技术与相应配置
顺丰速运	中国	空载飞行时长为31 min，满载飞行时长16 min，可在降雨低温条件下飞行	与极飞科技联合研发，四轴无人机最大承重为1 kg
京东物流	中国	主要应用于农村地区，飞行半径10~200 km，续航时间可达数小时	无人机的机型为：三旋翼无人机、油电混合侧转旋翼无人机、油动无人机，承重可达10~200 kg
Amazon亚马逊	美国	运送范围在亚马逊物流配送中心16 km范围内，根据货物大小，最快30 min送达	搭载技术与相应配置八轴无人机最大可承重2 kg（86%网购商品的重量在这个数值以内）
DHL	德国	主要向人烟稀少的小岛运送药品，飞行时间最长约为45 min，速度最高可达65 km/h	四轴无人机目前承重为1.2 kg

（三）无人机在物流行业的应用

1. 大载重、中远距离支线无人机运输

大载重、中远距离支线无人机运输的空中直线距离一般在100~1 000 km，吨级载重，续航时间可达数小时。这方面的应用主要有：跨地区的货运（采取固定航线、固定班次、标准化运营管理），边防哨所、海岛等地区的物资运输，以及物流中心之间的货运分拨等。

2. 末端无人机配送

末端无人机配送的空中直线距离一般在10 km以内（受具体地形、地貌的影响，对应的地面路程可能达到20~30 km），载重在5~20 kg，单程飞行时间在15~20 min（受天气等因素影响）。这方面的应用如派送急救物资和医疗用品、派送果蔬等农土特产物品等业务。

3. 无人机仓储管理

无人机可用于仓储管理，如大型高架仓库、高架储区的检验和货物盘点，再如集装箱堆场、散货堆场（如煤堆场、矿石堆场和垃圾堆场）等货站、堆场的物资盘点或检查巡视。

另外，在紧急救援和运输应急物资等方面，无人机能发挥常规运输工具无法比拟的优势，并能把现场信息第一时间传至指挥中心。无论是哪种类型，其应用的成功必然以准确的市场定位为前提，并以此为基础把握用户需求，在技术维度科学设计适合用户的产品，在实用性、经济性和可靠性等方面力争做到最优，并以精细、规范的管理作为配套优势，最终达到用户满意的效果。

任务二
智能机器人

导入任务

京东在应用无人运载设备的基础上，还开展了无人仓的建设。该无人仓总面积约30 000 m²，承担着主要地区每天10万单数码产品的入库、存储、包装、分拣、出库等任务，各环节紧密衔接，有条不紊。整个无人仓由智能控制系统——"智能大脑"操控全局，如仓库管理、控制、分拣和配送信息系统等。

请同学们根据所学知识，找出该电商企业应用了哪些智能机器人，这些智能机器人的主要作用是什么，最后以小组为单位进行汇报。

任务知识

一、智能机器人的产生背景

微课：
智能机器人

随着物流市场的持续扩大，快递货运数量也在随之增长；对于大型物流企业来说，智能机器人都会很好地为企业解决运输、分拣等问题；智能机器人行业未来的前景可期。

智能机器人，是指应用于仓库、分拣中心，以及运输途中等场所的，实施货物转移、搬运等操作的机器人。随着技术的发展，以及需求的增加，智能机器人的研发及应用在全球范围内逐渐被重视，国外传统工业智能制造商，以及亚马逊等互联网巨头，都在陆续布局智能机器人。智能机器人也逐渐被认为是物流及供应链相关企业数字化与自动化进程中重要的智能基础设施。

二、智能机器人的种类与应用

（一）智能机器人的种类

1. 按照物流作业内容分类

按照物流作业内容不同，智能机器人可以分为仓储作业智能机器人、运输作业智能机器人和客户服务智能机器人等类型（如图8-8所示）。

（1）智能机器人在仓储作业中的主要应用，以自动引导运输车（AGV）、穿梭车、协作机器人、并联机器人为主。在不同的作业场景下，有不同的产品与解决方案。

（2）智能机器人在运输作业中的主要应用以无人配送车和无人配送机为主。

（3）智能机器人在客户服务中的主要应用，以客服机器人为主。

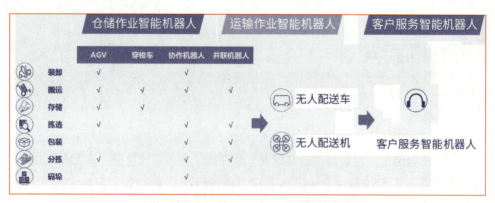

图8-8　按照物流作业内容分类的智能机器人

2. 按照控制方式及程度分类

智能机器人按照控制方式及程度分类如图8-9所示。

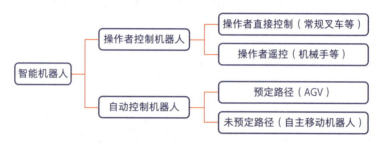

图8-9　按照控制方式及程度分类的智能机器人

3. 按照作业模式分类

按照作业模式分类，智能机器人可以分为引导式机器人、跟随式机器人和自主运行式机器人。

（二）智能机器人的应用

1. 自动引导运输车

自动引导运输车（AGV）来自自动导航系统（Automated Guided Vehicle System，AGVS），它是仓储机器人系统硬件的重要组成部分，如图8-10所示。AGV是自动化/半自动化仓库的重要基础设施之一，通过AGV实现库内搬运、分拣作业的自动化，以节省人力，提高效率。近年来，我国AGV需求持续以较高的增速发展。

在实际仓储作业中，应用的AGV主要有叉车型AGV、搬运型AGV、拣选型AGV和分拣型AGV。与传统人工叉车相比，AGV叉车能带来更加安全的作业环境、更加完善的人力管理、更长的作业时间、更快的效率等诸多益处。此外，AGV叉车可以在寒冷、高温、没有光线等人工无法作业的环境下作业。2012年以来，国内AGV叉车行业增速明显，传统叉车企业以及AGV机器人企业是推动行业发展的两股主要力量。

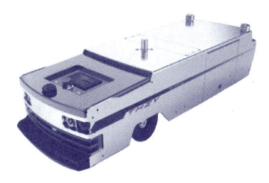

图8-10　自动引导运输车

（1）搬运型AGV是仓库内应用最广泛、发展最快的智能机器人类型之一，拣选型AGV、分拣型AGV主要是在搬运型AGV基础上在不同场景的深度应用。国内电商的快速发展，带动搬运型AGV产业的迅速崛起，目前主流电商仓库均陆续实现了搬运型AGV的应用。

（2）拣选型AGV是搬运机器人的"升级"，是"货到人"自动化（半自动化）拣选作业中的应用。一般通过搬运标准化拣选货架至拣选工位，结合人工拣选，实现货到人操作，减少人工走动，并提高拣选准确率。因此，基于AGV的半自动化拣选系统，一般配有拣选型AGV、AGV调度系统、拣选工位及AGV充电站等设备。拣选型AGV需要有举升功能，实现货架搬运。Geek数据显示，通过AGV的使用，可实现人工成本50%~70%的缩减。

（3）分拣型AGV是基于智能机器人与分拣平台的自动化分拣系统，逐渐在小件电商分拣中心被广泛应用。相对于传统流水线分拣系统，分拣型AGV占地面积更小、成本更低，且机器人之间并不会出现因单一设备损坏导致系统崩溃的情形，可大大提高分拣效率。

各种类型AGV的功能用途、实现基础和典型企业如表8-2所示。

表8-2　各种类型AGV的功能用途、实现基础和典型企业

AGV类型	功能用途	实现基础	典型企业
叉车型AGV	货物出入库、装卸、上架等操作	标准化托盘包装、库内导航、路由规划	怡丰、林德、嘉腾等
搬运型AGV	AGV支持的"货到人"替代传统"人到货"操作	标准化料箱＆包装单元、库内行驶路由规划	Geek＋、快仓
拣选型AGV	仓内"货到人"解决方案的核心支撑	需要有举升功能，实现货架搬运	Geek＋
分拣型AGV	占地面积更小、成本更低，提高分拣效率	智能机器人与分拣平台的自动化分拣系统	立镖机器人、Geek＋

2. 货架穿梭车

货架穿梭车主要基于自动化仓储系统，通过自动搬运至指定端口，实现货物快速上架等操作，是一种智能机器人，可以编程并可与上位机或微软操作系统进行通信，结合RFID（射频识别）、条码等识别技术，实现自动化识别、存取等功能。穿梭车如图8-11所示。货架穿梭车具有技术集成度高、速度高、定位精度高等优点，可以较大程度地提高存储空间利用率，降低综合成本投入。货架穿梭车在带导轨的专用货架基础上，主要实现仓储货架自动化存取、半自动化存取等功能。

图8-11　穿梭车

3. 协作机器人

协作机器人（collaborative robot），是指被设计成可以在协作区域（机器人和人可以同时工作的区域）内与人直接进行交互的机器人，通过机器与人的分工协作，共同完成仓库的分拣等工作。协作机器人自2014年兴起，随着市场需求对机器人的柔性要求越来越高，经济实惠、即插即用、编程简单直观、精度高、安全性能好的协作机器人逐渐受到重视。

4. 并联机器人

并联机器人（parallel robot）是指动平台和定平台通过至少两个独立的运动链相连接，机构具有两个或两个以上自由度，且以并联方式驱动的一种闭环机构。并联机器人在物料的搬运、包装、分拣等方面有着无可比拟的优势。并联机器人如图8-12所示。

并联机器人的特征包括结构紧、占用空间小、刚度高、承载能力大；无累计误差，精度高；速度快，运动性能佳；部件磨损小，生命周期长。

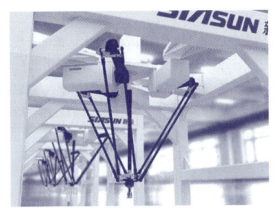

图8-12　并联机器人

任务三
智能穿戴设备

导入任务

京东在无人运载设备和智能机器人方面发展顺利，但在某些细节作业和异常作业方面仍然需要人工负责完成。在人工负责的工作范围内，该企业仍沿用较为传统的管理方法和设施设备，从而导致效率低下、成本高昂。最近，该企业正在考虑如何提升人工操作的效率，同时降低劳动强度和综合成本。

请同学们根据所学知识，提出该企业在人工操作方面可以采取哪些方法降本增效？是否可以采用增加智能穿戴设备的方式？如果可以，应选用哪些合适的设备？请以小组为单位进行汇报。

任务知识

一、智能穿戴概述

1. 智能穿戴的定义

智能穿戴是指应用穿戴式技术对日常穿戴进行智能化设计，开发出可以穿戴的设备，如眼镜、手套、手表、服饰和鞋等。智能穿戴设备可以利用传感器、射频识别、全球定位系统等信息传感设备，接入移动互联网，实现人与物随时随地的信息交流。

微课：
智能穿戴
设备

2. 智能穿戴的作用

智能穿戴是伴随着新的通信技术、计算机技术、微电子技术不断发展而产生的，是"以人为本""人机合一"理念的产物，并由此衍生出一类智能化、个性化、新形态的个人移动计算系统。智能穿戴的目的，是探索人与科技全新的交互方式，为每个人提供专属的、个性化的服务，并实现对人们自然、持续的辅助与增强服务。智能穿戴的本质是人体的智能化延伸。

二、智能穿戴设备的类型

智能穿戴设备包含了两个重要方面：第一，能直接穿戴在人身上或者整合进衣服、配件中；第二，能应对人们多种需求与问题的移动应用。目前，智能穿戴设备有多种形态，包括智能穿戴网络终端、智能穿戴服务器、具备计算机功能的服装、智能穿戴消费电子设备等，而基于智能穿戴设备开发的移动应用范围则非常广泛，覆盖工业用途和个人用途。

智能穿戴的分类如下：

1. 从主要功能上分类

如表8-3所示，智能穿戴设备按照其主要功能可划分为三大类：生活健康类、信息咨询类和体感控制类。其中，生活健康类设备有运动、体侧腕带及智能手环；信息资讯类的设备有智能手表和智能眼镜；体感控制类设备有各类体感控制器等。

表8-3 智能穿戴设备分类表一

分类	生活健康类	信息咨询类	体感控制类
目标人群	大众消费者	大众消费者	以年轻消费者为主
交互方式	① 图形化界面,多通道智能人机交互 ② 通过传感器收集信息和数据	以自然语言交互为主,通过语音识别来实现操作	体感交互、虚拟交互
解决问题	采集数据,对比和分析,帮助达到预期指标或目的	增强现实,更加方便、及时地获取信息	提高人类能力,以娱乐活动为主

2. 从产品形态上分类

根据产品形态不同，智能穿戴设备又可划分为头戴式智能穿戴设备、身着式智能穿戴设备、手戴式智能穿戴设备、脚穿式智能穿戴设备四类，如表8-4所示。

表8-4　智能穿戴设备分类表二

分类	产品形式	产品举例	主要特点
头戴式	眼镜类	谷歌眼镜	采用虚拟现实技术,能够实现日历、语音、时间、温度、短信、拍照、地理位置、音乐搜索和摄像等功能
		滑雪镜	集成了CPU、摄像头、微型抬头显示器、多种传感器和蓝牙通信等装置,戴上它滑雪轻松自如
	头盔类	智能头箍	利用脑波技术来实现神奇的脑机互动应用
		头盔导航	内置了陀螺仪、光感元件、语音操控,以及LTE 4G网络。通过头盔上显示的内容,使用者可以轻易实现路线规划和定位功能
身着式	上衣类	情绪感应服	内层的感应芯片可以通过感应人体的体温和汗液的变化来感知消费者的情绪,并发出信号,改变外层的颜色
		鼓点T恤	内置鼓点控制器,用户通过敲击不同的位置发出不同的数点声音,类似于平板电脑上的架子鼓软件
	内衣类	太阳能比基尼	利用电传导线将光—电流面板缝合在一起形成,通过光伏薄膜带吸收太阳光,并将能量转化为电能,然后为几乎所有的便携式电子设备充电
		超凉文胸	胸垫内有特殊的硅胶材料,即使在冷冻状态下也能保持柔软,只要将胸垫放进冰箱冷冻2h以上,再放进罩杯,就能体验冰凉的感觉
	裤子类	社交牛仔裤	配有一个特殊的装置,可进行简单的即时互动与社交,让消费者享受并分享他们的经验
		键盘裤	融合蓝牙键盘、喇叭、无线鼠标的裤子,集成了现代牛仔裤和电脑键盘
手戴式	手表类	苹果iWatch	内置WiFi、蓝牙功能,带有RSS(简易信息聚合)阅读器、16 GB的存储空间和天气预报,并且能够和iPad或者iPhone手机相连接的产品
		索尼 Smart Watch	背夹式设计,多点触控,可以储存并安装255个小工具
	手环类	咕咚手环	支持对用户活动量的记录和检测、睡眠质量的监测,具备智能无声闹钟、活动提醒等多种功能。还基于百度云提供多屏的管理和共享
		Nike + Fuelband 手环	可以记录和监测日常生活中的运动量
	手套类	手套式手机	外形像机械铠甲的一部分,按钮被设计在手指关节内侧,拇指做听筒,小指做话筒,即可实现通话
		无线音乐手套	一个外接音乐盒、一块存储卡和手套背面绑定的感应振动的控制器和蜂鸣器。可教弹钢琴,同时提高人们的感知能力与运动技能

分类	产品形式	产品举例	主要特点
脚穿式	鞋类	卫星导航鞋	鞋子内置加速计、陀螺仪、压力感应器、喇叭和蓝牙芯片，可收集鞋子的运动信息并发出语音评论
		谷歌智能鞋	使用GPS（全球定位系统）和LED（发光二极管）来指明方向。该鞋内置了一个GPS芯片、一个微控制器和一对天线。左鞋指示正确的方向，右鞋能显示当前地点距目的地的距离
	袜类	Smarter Socks	帮助用户更好地对袜子进行分类
		Sensoria	通过步幅以及落地的压力，记录下双脚所走或跑的状态和消耗的能量。通过对脚底部分的感应，可以了解自己运动的强度

三、智能穿戴设备在物流领域的应用

1. 物联网领域

智能穿戴技术与设备的出现，还将为现有的实时通信技术带来颠覆性的变革。人们将不再需要通过移动、电信平台，而是直接由智能穿戴设备借用物联网接入云端平台，通过虚拟操作空间，直接实现人与人之间的即时性联络与沟通。伴随着5G网络的推广和普及，还将进一步加快智能穿戴与物联网的交融在云计算领域的运用。

2. 物流操作领域

（1）ProGlove Mark Display，一款为工业应用设计的智能手套。ProGlove是一家德国工程公司，采用以人为本的方法，塑造了工业4.0智能可穿戴设备的未来。该公司致力于可穿戴式手套扫描机的设计与制造，自2014年创立以来，相继开发了Mark Basic、Mark 2、Mark Display等可穿戴智能手套。其中，ProGlove Mark Display是最新的一款为工业应用设计的智能手套，这款轻巧的可穿戴设备可帮助操作员将每次的扫描时间减少，而该产品的人体工程学设计可通过替换笨重的手持式扫描产品来减轻工人的压力并降低错误率。ProGlove Mark Display可穿戴智能手套如图8-13所示。

图8-13 ProGlove Mark Display可穿戴智能手套

ProGlove适用于大部分行业，客户可以通过采用ProGlove，而不需要投入IT力量，即插即用设备可提高效率并减少错误数量。目前，ProGlove产品在汽车业、制造业、物流行业、零售仓储业、航空业等领域得到广泛应用。产品功能涉及组装、包装、分拣、销售、提货等，操作便捷、灵活、准确、高效。

（2）ATOUN MODEL Y，一款为腰部提供支援的可穿戴外骨骼产品。Atoun公司为日本Panasonic松下公司内部创立的机器人创新企业，Atoun在2015年推出了可穿戴外骨骼Atoun Model A系列产品，包括大量生产的腰部支援型产品，以及订制的腰手同时支援型产品，在日本与中国等地销售；自2018年7月开始销售腰部支援型Model Y系列产品（如图8-14所示），腰手同步设备则与日本航空合作研发。

图8-14　ATOUN MODEL Y 可穿戴外骨骼产品

穿戴机器人多半都以腰部支持型为核心，但要进一步提高搬运能力，就需要进一步的腰手同步型，甚至是非穿戴的协作型机器人。对于消费者而言，穿戴式装置的便利性和重要性比技术先进性更重要，Panasonic在Atoun Model Y上的选择就是遵循这个原则。目前，产品仍处于原型阶段，"上坡"时可将最大功率提升19%、"爬楼"时提升17.8%、"崎岖地形行走"时提升30.7%。ATOUN MODEL Y约重4.4 kg，特别适合女性、年长者使用，适用于轻度搬运等工作。另外，"人字形"的设计大幅减少了与身体的接触面积，因此通风性能好，适用于物流、建设、农业等领域。在使用过程中，它会自动检测搬运、上抬、下放等动作，进行必要的辅助，使用者无须额外通过按键调整，相当人性化。

 行业前瞻
领跑物流供应链新格局——智慧物流

2020年11月4日，2020第二届交通强国智慧物流高端论坛在浙江省温州市成功举办，目的是认真贯彻落实习近平总书记关于建设现代综合运输体系，加快形成内外联通、安全高效的物流网络，构建国际物流供应链体系，培育壮大具有国际竞争力的现代物流企业的重要讲话精神，在"双循环经济"新发展格局下，发力

"新基建"，推进行业数字化、智能化改造，共同促进现代物流业与现代制造业的高度融合及高质量发展。

　　论坛探讨新形势下以数字化引领物流业高质量发展、支撑双循环经济新发展格局的话题，对于加快谋划"十四五"交通运输发展，全面推进交通强国建设具有重要意义。当前，以互联网、大数据、人工智能为特征的新一轮科技革命迅猛发展，信息技术与传统货运物流深度融合，网络货运、车货匹配等平台经济创新发展，对推动物流降本增效发挥了积极作用。要坚定不移地实施"互联网＋"战略，充分发挥互联网、大数据、区块链等现代信息技术的优势，在共享经济、现代供应链等领域培育新的增长点，形成新动能，以科技创新、数字创新引领带动物流企业转型升级，加快建设现代流通体系，支撑经济高质量发展。

同步测试

一、单选题

1. 以下不属于无人配送车优势的是（　　　）。

   A. 提高配送效率
   B. 降低配送成本
   C. 提升用户体验
   D. 覆盖范围较大

2. 以下不属于无人机的关键技术的是（　　　）。

   A. 通信技术
   B. 飞行控制技术
   C. 失控保护技术
   D. 避障技术

3. 以下不属于按照物流作业内容对物流智能机器人分类的是（　　　）。

   A. 仓储作业智能机器人
   B. 运输作业智能机器人
   C. 自动抓取机器人
   D. 客户服务智能机器人

4. AGV自动引导小车来源于AGVS，它是（　　　）机器人系统硬件的重要组成部分。

   A. 仓储
   B. 运输
   C. 搬运
   D. 包装

5. 智能穿戴设备的本质是（　　　）。

   A. 机器的智能化延伸
   B. 人体的智能化延伸
   C. 机器的穿戴化延伸
   D. 人体的穿戴化延伸

二、多选题

1. 无人配送车的主要关键技术包括（　　　　）。

   A. 360°全自动驾驶感知系统
   B. 融合定位系统
   C. 规划决策系统
   D. 仿真云计算平台

E. 驾驶系统

2. AGV是自动化/半自动化仓库的重要基础设施之一，其优势具体表现为（　　　　　）。

    A. 柔性的场地要求、优化场地利用率

    B. 实现仓库标准化作业

    C. 自动运输，提升效率，降低人工作业成本

    D. 支持特殊工作环境下的作业要求

    E. 在一定的订单密度下，长期具有成本优势

3. 无人机在物流行业的应用主要体现（　　　　　）。

    A. 大载重、中远距离支线无人机运输

    B. 干线无人机远距离运输

    C. 末端无人机配送

    D. 无人机仓储管理

    E. 无人机装卸搬运

4. 我国物流机器人发展驱动力具体表现为（　　　　　）。

    A. 产业转型　　　　　　　　B. 消费升级

    C. 经济全球化　　　　　　　D. 数字经济

    E. 人口增长

5. 目前，智能穿戴设备形态主要包括（　　　　　）。

    A. 智能穿戴网络终端　　　　B. 智能穿戴服务器

    C. 含计算机功能的服装　　　D. 智能穿戴消费电子设备

    E. 远程遥控无人机

三、判断题

1. 无人配送车的应用空间较为有限，只能在居民社区、校园、工业园区等封闭或半封闭的环境内运行。（　　　）

2. 目前，工业级无人机已广泛应用于农林植保、电力巡线、边防巡逻、森林防火、物流配送等领域。（　　　）

3. 物流机器人逐渐被认为是物流及供应链相关企业数字化与自动化进程中重要的智能基础设施。（　　　）

4. 穿梭车具有技术集成度高、速度高、定位精度高等优点，可以在较大程度上提高存储空间利用率，但会提高综合成本投入。（　　　）

5. 智能穿戴设备，可以利用传感器、射频识别、全球定位系统等信息传感设备，接入移动互联网，实现人与物随时随地的信息交流。（　　　）

项目实训

　　以小组为单位，选择当地一家智能设备较多的电商配送中心，观摩配送中心运作过程中所用到的设施设备。结合本章所学内容，对无人运载工具、智能机器人和智能穿戴设备等在实际作业中的应用进行记录，提出恰当的改进意见与建议，并由各小组汇总资料，以PPT形式汇报。

　　实训目的：

　　智能眼镜的使用与应用

　　实训设备：

　　（1）PC1台/组。

　　（2）USB传输线。

　　（3）智能眼镜。

　　（4）智能识别AR（增强现实）物流设备。

　　实训内容：

　　（1）了解智能穿戴相关知识。

　　（2）掌握智能眼镜基本操作和基本物流AR应用。

　　（3）完成实训任务后的总结与反馈。

　　（4）分析与汇报。

　　实训要求：

　　利用智能眼镜在实际物流AR领域的应用，分析智能物流发展与智能穿戴设备的关联性，并做出相应汇报。

▌开启 AR 体验式学习

一、安卓端安装App

扫描二维码下载"TradeLogistics_AR"App，并安装至移动设备。

安装完成后，会生成如下图所示的"TradeLogistics_AR"图标。

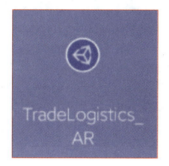

二、AR 体验式学习

打开软件，进入软件加载界面。加载界面结束后，显示主界面。在主界面中选择对应模块的按钮，进入扫描界面。

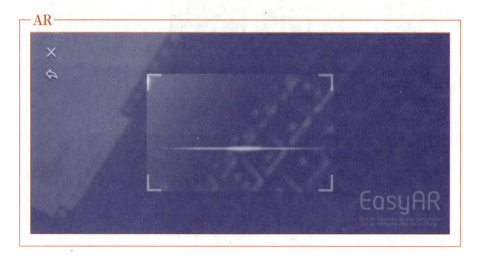

1. 货架

在扫描界面，扫描货架的识别图或实物，出现货架分级界面。

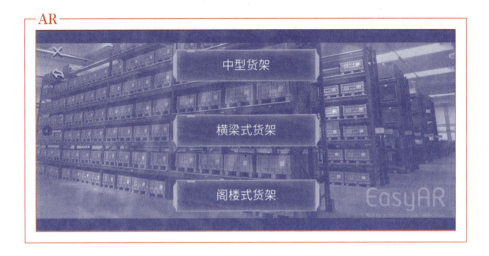

a）操作：点击"中型货架""横梁式货架""阁楼式货架"按钮，进入对应类型的货架讲解说明界面。

b）使用"文本说明"和"模型动画"的表现方式。点击对应按钮切换显示界面。在模型动画展示界面，点击并按住屏幕拖动，动画模型以地面为平面进行旋转。两手同时按住移动，模型进行缩放。

2. 叉车

在扫描界面，扫描叉车的识别图或实物，出现叉车界面。

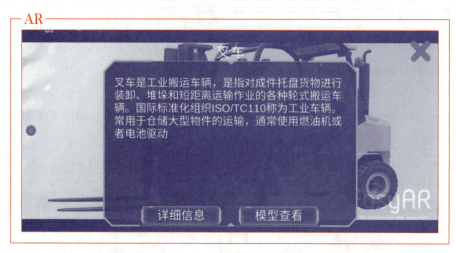

a）操作：点击"叉车"按钮，进入对应类型的讲解说明界面。

b）使用"文本说明"和"模型动画"的表现方式。点击对应按钮切换显示界面。在模型动画展示界面，点击并按住屏幕拖动，动画模型以地面为平面进行旋转。两手同时按住移动，模型进行缩放。

3. 起重机

在扫描界面，扫描叉车的识别图或实物，出现叉车界面。

AR

AR
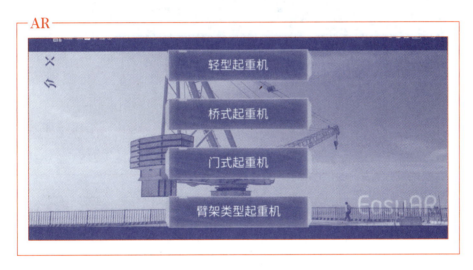

a）操作：点击"轻型起重机""桥式起重机""门式起重机""臂架式起重机"按钮，进入对应类型的讲解说明界面。

b）使用"文本说明"、"视频"和"模型动画"的表现方式。点击对应按钮切换显示界面。在模型动画展示界面，点击并按住屏幕拖动，动画模型以地面为平面进行旋转。两手同时按住移动，模型进行缩放。

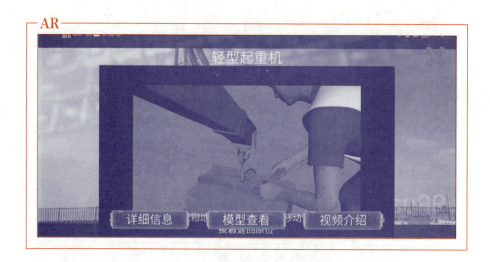

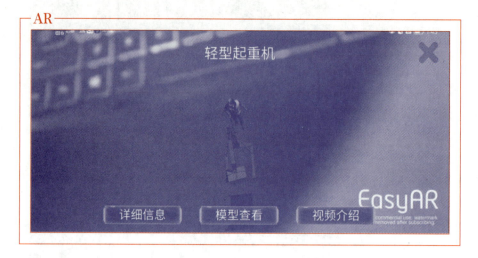

4. 输送机

在扫描界面，扫描输送机的识别图或实物，出现界面。

a）操作：点击"带式输送机""链式输送机"按钮，进入对应类型的讲解说明界面。

b）使用"文本说明"和"模型动画"的表现方式。点击对应按钮切换显示界面。在模型动画展示界面，点击并按住屏幕拖动，动画模型以地面为平面进行旋转。两手同时按住移动，模型进行缩放。

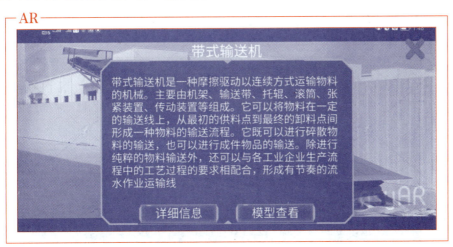

5. 托盘

在扫描界面，扫描托盘的识别图或实物，出现界面。

a）操作：点击"托盘"按钮，进入对应类型的讲解说明界面。

b）使用"文本说明"和"模型动画"的表现方式。点击对应按钮切换显示界面。在模型动画展示界面，点击并按住屏幕拖动，动画模型以地面为平面进行旋转。两手同时按住移动，模型进行缩放。

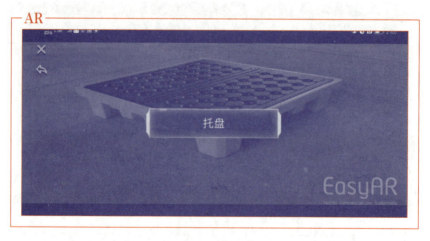

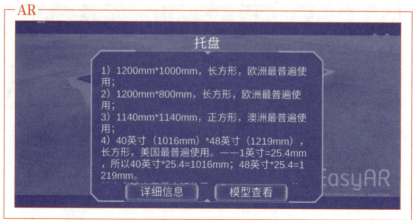

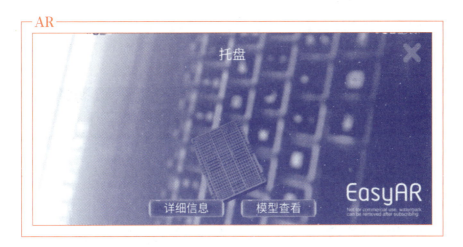

6. 分拣

在扫描界面，扫描分拣的识别图，出现界面。

使用"视频"的表现方式。配以语音和字幕进行讲解。

7. 包装

在扫描界面，扫描包装的识别图，出现界面。

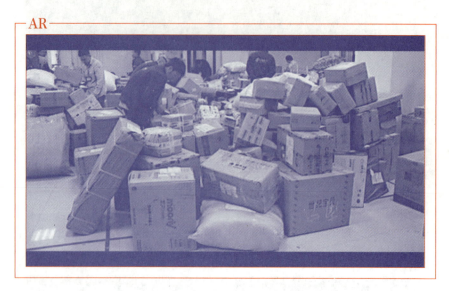

使用"视频"的表现方式。配以语音和字幕进行讲解。

8. 运输设备

在扫描界面，扫描运输设备的识别图和实物，出现界面。

a）操作：点击"公路运输""铁路运输""海运运输""航空运输"按钮，进入对应类型的讲解说明界面。

b）使用"文本说明""图片"和"视频"的表现方式。

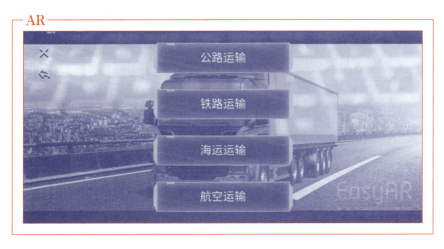

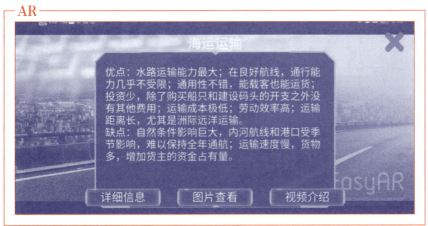

9. 集装箱

在扫描界面，扫描运输设备的识别图和实物，出现界面。

a）操作：点击"钢制集装箱""铝合金集装箱""玻璃钢集装箱"按钮，进入对应类型的讲解说明界面。

b）使用"文本说明"和"模型动画"的表现方式。点击对应按钮切换显示界面。在模型动画展示界面，点击并按住屏幕拖动，动画模型以地面为平面进行旋转。两手同时按住移动，模型进行缩放。

10. 无人运载设备

在扫描界面，扫描无人运载设备的识别图和实物，出现界面。

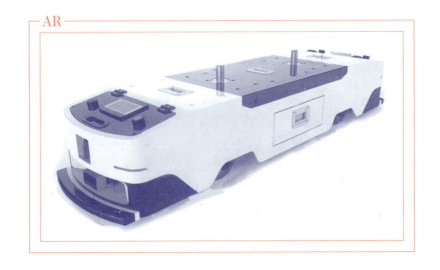

a）操作：点击"无人运载设备"按钮，进入对应类型的讲解说明界面。

b）使用"文本说明"和"模型动画"的表现方式。点击对应按钮切换显示界面。在模型动画展示界面，点击并按住屏幕拖动，动画模型以地面为平面进行旋转。两手同时按住移动，模型进行缩放。

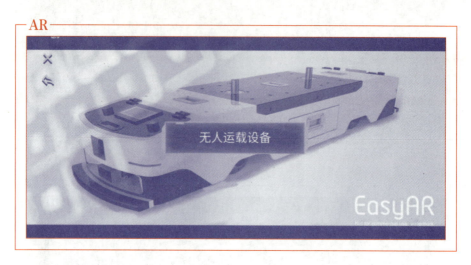

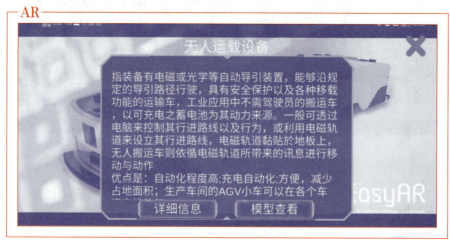

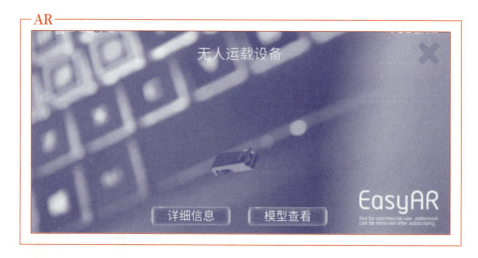

11. AGV

在扫描界面，扫描无人运载设备的识别图和实物，出现界面。

操作：特殊制作界面，选择对应的按钮，切换到对应的展示界面。

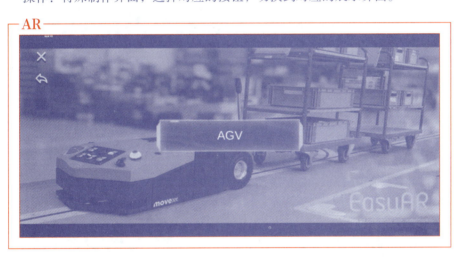

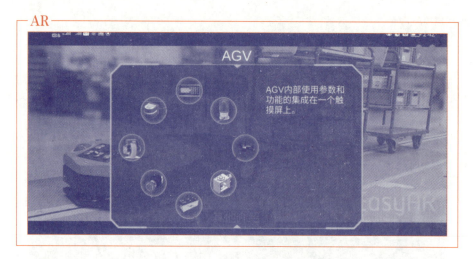

12. 多功能穿戴设备

在扫描界面，扫描多功能穿戴设备的识别图和实物，出现界面。

a）操作：点击"链式输送机"按钮，进入对应类型的讲解说明界面。

b）使用"视频"的表现方式。

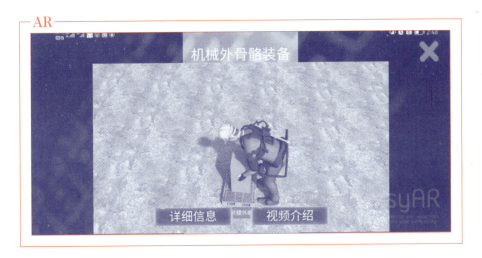

参考文献

[1] 肖生苓. 现代物流设施与设备 [M]. 北京：科学出版社，2017.

[2] 赵智锋. 物流设施设备运用 [M]. 上海：上海财经大学出版社，2017.

[3] 蒋祖星. 物流设施与设备 [M]. 北京：机械工业出版社，2016.

[4] 于英. 交通运输工程学 [M]. 北京：北京大学出版社，2017.

[5] 郑少锋. 现代物流信息管理与技术 [M]. 北京：机械工业出版社，2016.

[6] 邹安全. 现代物流信息技术与应用 [M]. 武汉：华中科技大学出版社，2017.

[7] 周兴建. 现代仓储管理与实务 [M]. 北京：北京大学出版社，2017.

[8] 王丰，姜大立. 现代物流装备 [M]. 北京：首都经贸大学出版社，2016.

[9] 周全申. 现代物流工程技术与装备 [M]. 北京：中国物资出版社，2016.

[10] 殷勇，鲁工圆. 交通运输设备 [M]. 成都：西南交通大学出版社，2014.

[11] 章正伟. 港口起重输送机械 [M]. 北京：人民交通出版社，2014.

[12] 杜明芳. 无人驾驶汽车技术 [M]. 北京：人民交通出版社，2019.

[13] 赵惟，张文瀛. 智慧物流与感知技术 [M]. 北京：电子工业出版社，2016.

[14] 邹霞. 智能物流设施与设备 [M]. 北京：电子工业出版社，2020.

[15] 周桂良，许琳. 交通运输设备. 武汉：华中科技大学出版社，2020.

[16] 交通运输部规划研究院. 海铁联运枢纽站场功能布局及设备配置建设指南 [M]. 北京：人民交通出版社，2021.

[17] 赵宁，徐子奇，宓为建. 装箱码头数字化营运管理 [M]. 2版. 上海：上海科学技术出版社，2019.

[18] 张变亚. 运输管理与集装箱实务 [M]. 北京：化学工业出版社，2019.

主编简介

孙颖荪，安徽商贸职业技术学院教授、高级物流师，现任安徽商贸职业技术学院国际商务与旅游学院院长。兼任中国物流与采购联合会人力资源专委会理事、安徽省物流协会智库专家、芜湖市商务局专家库成员。自参加工作以来，一直工作在教学第一线，长期从事物流管理专业教学与科研工作。先后评为安徽省"教坛新秀"、安徽省"教学名师"和学校"师德标兵"等荣誉称号。2010—2020年间获得安徽省教学成果奖一等奖2项、二等奖2项、三等奖2项。主要研究方向：物流与供应链管理、电子商务与物流、等。先后主持物流管理国家级重点专业建设和物流实训基地、快递生产性实训基地和物流信息技术虚拟仿真实训基地等国家级实训基地建设。主编《期货管理实务》（"十二五"职业教育国家规划教材）、《网上贸易实务》（安徽省"十二五"规划教材）等多部高职高专教材。完成《安徽省快递行业并购整合路径研究》《安徽省快递行业信息平台建设》多项安徽省人文社科重点项目，发表近20篇论文。主持《物流信息技术》入选2015年安徽省精品资源共享课程。

胡子瑜，广州番禺职业技术学院教学名师，管理学院副院长、副教授、高级物流师、ISM CPSM（美国供应管理协会认证供应管理专家）、物流管理1+X证书培训导师、国际职业训练协会TTT认证培训师、国际职业训练协会讲评认证导师、4D领导力认证导师；长期从事物流管理、供应链的教学与科研工作以及社会服务工作；参与编撰教育部物流管理专业教学标准；参与编撰供应链运营管理1+X证书标准和教材；担任全国职业院校技能大赛（高职组）智慧物流作业方案设计与实施赛项裁判、广东省暨全国选拔赛（高职组）报关赛项专家组成员/裁判、广东省暨全国选拔赛（中职组）物流管理和电子商务等赛项裁判。2014年获得国家教学成果二等奖1项（商科学生"实战型、体验式、网络化"技能与素质并进的课程创新与实践）；2016年获得国家精品资源共享课1项（工商模拟市场实训）；2017年获得物流职业教育教学成果一等奖（物流管理专业"系统化、实战型、开放式"产学研联动的实训教学体系改革与实践）；2019年主持立项国家教学资源库（2017-B27）子项目《技术服务典型案例》建设任务。近年来主持物流管理、市场营销等省市级专业建设项目3项；主持市级实训室和省级大学生校外实践教学基地2项；主持或主要

参与市、省、国家级课题和横向课题30余项；编写"十一五"规划教材一部；主编"十三五"规划教材一部；为全国企业管理者和职业院校教师培训超过千余人，累计金额逾百万；指导学生技能竞赛省级以上获奖30余项。

防伪查询说明

用户购书后刮开封底防伪涂层，利用手机微信等软件扫描二维码，会跳转至防伪查询网页，获得所购图书详细信息。用户也可将防伪二维码下的20位密码按从左到右、从上到下的顺序发送短信至106695881280，免费查询所购图书真伪。

反盗版短信举报

编辑短信"JB，图书名称，出版社，购买地点"发送至10669588128

防伪客服电话

（010）58582300

资源服务提示

授课教师如需获得本书配套教辅资源，请登录"高等教育出版社产品信息检索系统"（http://xuanshu.hep.com.cn/）搜索本书并下载资源。首次使用本系统的用户，请先注册并进行教师资格认证。

资源服务支持电话：010-58581854　邮箱：songchen@hep.com.cn

高教社高职物流QQ群：213776041

高等职业教育
商科类专业群
新专业教学标准体系

电子商务类专业

电子商务内容运营
电子商务文案写作
商品信息采集
网店运营管理
网店视觉营销
网店客户服务

电子商务法律法规
电子商务物流
跨境电子商务基础
移动商务基础
直播电商
农村电子商务

电子商务综合实训

营销类专业

新媒体营销
移动营销
数字营销
直播营销
消费者行为分析
市场调查与分析
市场营销策划

商务谈判与沟通
现代推销技术
广告原理与实务
品牌推广与管理
销售管理
渠道管理
客户服务与管理

营销综合实训

新商科

智慧物流实训

物流类专业

货物学
物流法律法规
仓储与配送管理
采购与供应链管理
物流成本管理
物流营销

运输管理
物流信息管理
物流设施设备
国际货运代理
物流地理
快递实务

互联网+国际贸易综合实训

跨境电子商务进出口实务
跨境电子商务推广
报关与报检实务
国际商法
国际市场营销
商务英语

进出口业务操作
外贸单证操作
外贸跟单操作
国际结算操作
外贸英文函电
外贸风险管理

经济贸易类专业

商科类专业群专业基础课

- 中国商贸文化
- 电子商务基础
- 市场营销
- 商品学
- 现代物流管理
- 国际贸易基础
- 商务办公软件应用
- 商务数据分析与应用
- 网络营销
- 选品与采购
- 供应链管理基础
- 商务沟通与礼仪

电子商务类专业

营销类专业

物流类专业

经济贸易类专业